Światło w ciemności

Swamini Krishnamrita Prana

Mata Amritanandamayi Center
San Ramon, Kalifornia, Stany Zjednoczone

Światło w ciemności
Swamini Krishnamrita Prana

Wydane przez:
  Mata Amritanandamayi Center
  P.O . Box 613
  San Ramon, CA 94583
  Stany Zjednoczone
  www.amma.org

Copyright © 2022 Mata Amritanandamayi Center,
P.O . Box 613, San Ramon, CA 94583
Stany Zjednoczone

Wszelkie prawa zastrzeżone. Żadna część tej publikacji nie może być reprodukowana, rozpowszechniana, przechowywana w systemach archiwizacji danych, przepisywana ani tłumaczona na jakikolwiek inny język bez uprzedniej pisemnej zgody wydawcy.

W Polsce: amma.amma-polska.pl

W Indiach:
  www.amritapuri.org
  inform@amritapuri.org

W USA:
  amma.org

W Europie:
  www.amma-europe.org

Spis treści

Wstęp	7
1. Ucząc się służyć	11
2. Stając się gwiazdą	19
3. List miłosny	27
4. Ucząc się uśmiechać	33
5. Decydując się służyć	41
6. Nigdy sama	49
7. Zrobiłaś dobrze	59
8. Znajdując miłość	67
9. Stając się Ardżuną	75
10. Przezwyciężając przemoc	83
11. Rozpacz złamanego serca	93
12. Uleczyć traumę	103
13. Znajdując w sobie Durgę	111
14. Wybierając życie	119
15. Wybierając światło	129
16. Prawdziwa joga	135
17. Pudełko z negatywnymi tendencjami	145
18. Odnajdując spokój	155

Złóż swoje puste dłonie w moich.
Pokaż mi wszystkie blizny, które ukrywasz.
A jeśli twoje skrzydła są złamane,
Proszę weź moje, aby twoje również mogły się rozwinąć.
Będę przy tobie stać.

Łzy tworzą w twoich oczach kalejdoskopy,
Wiem, że krwawisz, i krwawię też ja.
Kochanie, jeśli twoje skrzydła są złamane,
Możesz pożyczyć moje, aby twoje też mogły się rozwinąć.
Będę przy tobie stać.

Wiem, że jesteś wszystkim, czego
zawsze potrzebowałam.
Serce czasem boli, gdy bije.
A jeśli twoje skrzydła są złamane,
Przez te emocje też się przedrzemy,
Ponieważ będę przy tobie stać.

Myślę, że prawdą jest to, w co wierzysz,
Myślę, że wiara pomaga bez powodu.
Będę twoimi oczami, gdy twoje stracą blask,
Będę twoimi ramionami, gdy nie
będziesz mógł się podnieść,
Będę zawsze przy tobie stać...

Nawet gdy się załamujemy,
Możemy znaleźć sposób, żeby przez to przebrnąć.
Nawet jeśli nie znajdziemy nieba,
przejdę z tobą przez piekło.
Kochanie, nie jesteś sam, ponieważ
ja będę przy tobie stać.

Zaczerpnięte z piosenki Rachel Platten pt. „Stać przy tobie".

Wstęp

Jedynie wnosząc światło, możemy rozproszyć ciemność.

- Amma

W dzisiejszym świecie ludzie często czują się zagubieni. Kroczą przez życie bez prawdziwej miłości czy prawdziwego prowadzenia. Zbyt często fałsz jest przedstawiany jako prawda i łatwo zbaczamy z prawej ścieżki. Trudno jest wychowywać dzieci z zachowaniem duchowych wartości i zasad, kiedy świat bombarduje nas tyloma odwrotnymi przykładami.

Pośród tych ciemności potrzebujemy światła, które rozjaśni naszą ścieżkę i wskaże nam wyjście z cierpienia. Amma jest tym Światłem. Otacza nas troskliwą matczyną miłością, jednocześnie dyscyplinując nas mądrością nauk Guru.

Jej życie nadało nowego wymiaru słowu "Amma" (matka). Uczyniła je jednym z najbogatszych w treść i najsłodszych słów, rezonującym na całej planecie. Amma kocha nas głęboko i bezwarunkowo.

Akceptuje nas w pełni z naszymi słabościami i wstydem. Jak chłodna bryza, orzeźwia nas na pustyni ludzkiej egzystencji i wnosi w nasze samotne życie spełnienie. Amma jest esencją wszystkiego, co piękne, kojące i cenne.

Nie sposób w pełni zrozumieć wielkość Ammy. Nasz umysł nie jest w stanie do końca pojąć tego, kim Ona jest. Łatwo jest jednak dostrzec Jej największy cud: umiejętność transformacji naszych serc. Amma sięga po zwyczajnych ludzi żyjących w świecie i zmienia ich w istoty, które chcą poświęcić swoje życie służbie. Zrobiła to dla tysięcy ludzi z wielu ścieżek życia.

Transformacja jest powolnym procesem, takim, który można osiągnąć jedynie dzięki nieskończonej cierpliwości, a wtedy, pewnego dnia, każdy z nas rozkwitnie. Jedna z wiernych Ammy przypomniała mi niedawno niezwykłą historię. Wydarzyła się ona kilka lat temu, kiedy Amma odwiedziła jej dom pod koniec swojej australijskiej trasy.

Przy drzwiach wejściowych jej domu w lekko pękniętej donicy stał kaktus. Przez wszystkie lata, kiedy się tam znajdował, nigdy nie zakwitł ani nie zmienił wyglądu. Rodzina dosłownie zapomniała o jego istnieniu, ale Amma, wchodząc do ich domu, pochyliła się i z szacunkiem pogłaskała łagodnie roślinę.

Pani domu poczuła się trochę zawstydzona. Była zakłopotana tym, że nie zastąpiła kaktusa lepiej prezentującym się okazem, ale w ferworze oczekiwania na wizytę Ammy zapomniała go przestawić.

Amma pobłogosławiła ich dom, po czym udała się na lotnisko. Rodzina podążyła za Nią. Gdy wrócili do domu kilka godzin po pożegnaniu z Ammą, byli zdumieni i zachwyceni cudem, jaki zastali. Niepozorny kaktus w pękniętej donicy nabrał niespodziewanie blasku. Miał teraz na sobie majestatyczną koronę kwiatów. Radując się swym nowym, błogosławionym stanem, zakwitł.

Rodzina była zaskoczona tym, jak ich nieciekawy kaktus został cudownie przemieniony jednym dotknięciem Ammy. Następnego dnia został uroczyście przesadzony do nowej doniczki i otrzymał chwalebne miejsce w słońcu obok rodzinnego ołtarza.

Często możemy wydawać się jak ten stary, kłujący kaktus. Możemy przebywać w stanie męczącej i irytującej stagnacji przez bardzo długi czas. Mimo iż otrzymujemy tak wiele błogosławieństw, uparcie nie chcemy się zmienić (czasem kłujący kaktus ma więcej pokory niż my). Na szczęście Amma nigdy nas nie skreśla. Cuda rozwoju i transformacji zdarzają się wszędzie, gdzie Ona się pojawia.

Ta książka opisuje historie osiemnastu różnych osób, których życie Amma odmieniła - jedno serce po drugim. Każda historia jest wyjątkowa i każda stanowi świadectwo prawdziwej łaski Ammy, ponieważ Amma prowadzi w nich z bólu do światła jedną osobę za drugą.

Nie każdy przyszedł z tak głębokiego czy mrocznego miejsca, jak niektórzy ludzie w tych historiach – chociaż na pewno są tacy, którzy przyszli, i dzięki Ammie na całym świecie istnieją teraz tysiące opowieści o uzdrowieniu i transformacji. Tymczasem zacznijmy od udokumentowania zaledwie osiemnastu.

Amma uczy nas, dzień za dniem, abyśmy czasem zapomnieli o sobie i dali coś zamiast tego innym. Powoli, z nieograniczoną cierpliwością i bezwarunkową miłością, pokazuje nam na własnym przykładzie, jak rozkwitnąć oraz stać się jaśniejącymi światłami w ciemności.

1. Ucząc się służyć

Postępując łagodnie, możesz wstrząsnąć światem.

- Mahatma Gandhi

Kiedy miałam dwadzieścia lat, zakochałam się w Bogu. Nasza miłość trwała tylko jedno lato, lecz był to płomienny romans pełen radości i światła. Za każdym razem gdy śpiewałam modlitwy, ogarniało mnie czyste uniesienie. Świat był pięknym miejscem, barwnym i żywym. Bóg był wspaniały, wiecznie obecny i przytłaczający swą wielkością.

Pod koniec tamtego lata porzuciłam swoje uprzywilejowane życie na Zachodzie i zaczęłam podróżować, odwiedzając niektóre z najbiedniejszych krajów świata.

Najpierw pojechałam do Afryki. Obozowałam z przyjaciółmi pod kraterem Ngorongoro, najbardziej zapierającym dech w piersiach miejscem, jakie kiedykolwiek widziałam. Gdy zachodziło słońce, niebo rozdzierały wyraziste kolory, malując najwspanialszy portret Boga. Na ten widok moje serce tańczyło w ekstazie. Księżyc wzeszedł, ogień wygasł, a my zasnęliśmy.

Tamtej nocy nasze obozowisko zaatakowała niespodziewanie wściekła hiena. Nowo poślubiona kobieta została pogryziona. Trzy tygodnie później zmarła. Krótko potem moja bliska przyjaciółka została brutalnie zgwałcona. Lokalne władze nic z tym nie zrobiły.

Mimo iż wydarzenia te wywołały w nas ogromny niepokój, były one niczym w porównaniu z biedą. Na każdym kroku spotykaliśmy brudne i głodne dzieci bez opieki, żebrzące na ulicach. Ludzie mieszkali w domach zbudowanych z kawałków odpadów.

Po raz pierwszy doświadczałam smutku świata i czułam się całkowicie zdradzona przez mojego Ukochanego.

Przenosiłam się z miasta do miasta i z kraju do kraju w poszukiwaniu sposobu na uzdrowienie swojego serca. Przy każdej przeprowadzce doświadczałam chwilowej radości i ekscytacji. Gdy smutek powracał, przenosiłam się znowu, szukając nowej przygody.

W ciągu następnych sześciu lat mieszkałam w trzynastu różnych miastach, w siedmiu różnych krajach, na czterech różnych kontynentach. Byłam świadkiem opresji, terroryzmu, wojny domowej i przemocy. Miłość stała się fantazją zagubioną w dzikim świecie.

Moje serce zatrzasnęło się z hukiem.

Problemy świata wyraźnie nie obchodziły Boga, dlaczego więc miałyby obchodzić mnie. Gdy słyszałam modlących się ludzi, zamykałam drzwi do swojego pokoju i płakałam.

Pamiętam, że w dniu, w którym poznałam Ammę, czułam się całkowicie bezradna i samotna. Byłam utwierdzona w przekonaniu, że miłość jest niczym więcej jak pożądaniem i że Bóg jest chory umysłowo. Na świecie było zdecydowanie za dużo cierpienia.

Cały dzień oraz poprzednią noc spędziłam, oglądając w telewizji brutalne powtórki i czekając, aż będę mogła zwolnić się z pracy i znów się gdzieś przenieść. Cierpiałam na łagodną depresję oraz silne stany lękowe.

Amma wszystko zmieniła.

Moim przyjaciołom udało się zwabić mnie do samochodu jedynie obietnicą „naprawdę dobrej herbaty". Zgodziłam się pojechać, ale postawiłam sprawę jasno: jadę tam tylko dla herbaty. Przez całą drogę usiłowałam im przemówić do rozsądku: „Ta cała sprawa z Ammą to jakiś kult" – argumentowałam. Moi przyjaciele przewracali oczami i przypominali mi o herbacie.

Wtedy weszła do pomieszczenia: malutka piękna kobieta w nieskazitelnie białym sari. Jej cera była koloru Kryszny... Dotknęła mojej dłoni. Całej mojej dłoni... Wciąż pamiętam.

Gdy poszłam tamtej nocy na darszan[1], Amma zasiała w moim sercu ziarno. Czułam to. Wykiełkowało w ciągu dwudziestu czterech godzin. Następnego dnia wiedziałam, że muszę do Niej wrócić.

Tamtej nocy znów poszłam na darszan i wybuchnęłam płaczem. Usłyszałam wyraźnie głos Ammy w swoim umyśle: „Moja kochana córko, to nie Bóg jest chory, lecz twój umysł". Usiadłam w strefie „podarszanowej" i łkałam histerycznie. Bóg był w rzeczywistości piękny. Pragnęłam znów się przy Niej znaleźć.

Amma raz po raz spoglądała na mnie, śmiejąc się. Za każdym razem gdy to robiła, śmiałam się przez chwilę z Nią. A potem gwałtowne łzy powracały, na wskroś wstrząsając moim ciałem. Opłakiwałam lata,

---

[1] Darszan – fizyczne spotkanie z Guru. W aszramie Ammy tym słowem określa się osobisty kontakt z Ammą poprzez przytulenie. (Wszystkie przypisy pochodzą od tłumacza).

które utraciłam przez złość i ból. Przed darszanem czułam się całkowicie uwięziona i bezradna, lecz teraz Ona mnie uwalniała. Spoglądała na mnie nieustannie, a Jej oczy świeciły radością i współczuciem.

Minęło kilka lat. Moje życie uległo transformacji. Za każdym razem gdy widziałam Ammę, kolejna warstwa bólu ulatniała się jak dym. Zsuwała się ze mnie kolejna warstwa cierpienia.

Odwiedziłam aszram Ammy w Indiach. Pamiętam, jak podczas pierwszej wizyty siedziałam na podłodze pochłonięta sewą[2] i spontanicznie wybuchałam śmiechem. Nie mogłam uwierzyć, że niebo istnieje na ziemi, a ja siedzę w samym jego centrum.

Amma usuwa cierpienie świata za pomocą sewy. Prowadzi domy dziecka, szkoły oraz szpitale charytatywne. Buduje domy dla bezdomnych, karmi głodnych, rozdaje zapomogi wdowom i udziela pomocy ofiarom katastrof na całym świecie. Długo można by wymieniać jej projekty charytatywne. Kiedy ja zetknęłam się ze światem pełnym cierpienia, pogrążyłam się w żalu. Kiedy Amma widzi cierpienie, przekształca je.

Podczas południowoindyjskiej trasy Ammy kilka lat temu zatrzymaliśmy się na pewien czas w jednym

---

[2] Sewa – praca charytatywna, bezinteresowna służba.

z Jej domów dziecka. Te dzieci nie miały nic, lecz dzięki Ammie mają teraz pełną nadziei przyszłość. Gdy Amma śpiewała, wstały i radośnie tańczyły.

Wyciągnęły swoje małe rączki, pragnąc Jej dotknąć, i sięgnęły Jej brzucha. Ujęła ich dłonie, spojrzała im głęboko w oczy i tańczyła z nimi.

Zrozumiałam, że problemy życia nigdy tak po prostu nie znikną. Żyjemy w świecie przepełnionym ciemnością i bólem. Czasem jest to przykre, to prawda, lecz dzięki łasce Ammy oraz właściwemu zrozumieniu nie musimy już wybierać cierpienia.

Gdy Amma trzyma mnie w swoich ramionach, prawda staje się niezwykle oczywista: miłość istnieje. Wcześniej tego nie wiedziałam. Zanim poznałam Ammę, nigdy tak naprawdę nie doświadczyłam miłości. Ona pokazuje mi, że niezależnie od tego, jak ciemny na zewnątrz może wydawać się świat, w głębi jest tylko miłość.

Amma daje mi siłę, której potrzebuję, aby każdy dzień powitać z radością i wdzięcznością.

Dzięki Ammie każdy dzień jest cudem.

Podczas wywiadów z dziennikarzami Amma często opowiada o cierpieniu, które zaobserwowała w dzieciństwie. Już wtedy wiedziała, że Jej celem jest poprawa życia ludzkości. Gdy Amma przyjmuje nas na darszan, pomaga nam dotknąć naszej własnej wewnętrznej natury: „Jaźni", której tak rzadko doświadczamy. Kiedy poznajemy Ammę, mamy wrażenie, jak gdybyśmy do tej pory gasili pragnienie jedynie słodzoną oranżadą, a teraz zetknęliśmy się z czystą wodą, orzeźwiającą ciało, umysł i duszę. Amma jest czystą wodą naszej prawdziwej natury: naszej przepięknej, inspirującej prawdziwej natury.

Mówi się, że w mieście Vrindavan (miejsce narodzin Kryszny) Radha ujrzała Krysznę tylko raz, nad rzeką Jamuną. Lecz od tego momentu zawsze Go kochała. Tak samo jest między nami a Ammą. Nawet jeśli będziemy mieć u Ammy tylko jeden darszan, Ona nigdy o o nas nie zapomni. Będzie kochać nas bardzo mocno przez całą wieczność.

2. Stając się gwiazdą

*Pozwól, aby piękno, które kochasz,
było tym, co robisz.*

- Rumi

Odkąd poszłam do liceum, chciałam być w teatrze. Marzyłam o romansie, światłach, bogactwie i sławie. Będąc na scenie – naprzeciwko tysiąca ludzi – pragnęłam zostać gwiazdą. Miałam być piękną, błyszczącą gwiazdą, jaśniejszą niż wszystko inne na tej ziemi.

Pamiętam swą pierwszą wizytę w w teatrze. To było elektryzujące i od razu wiedziałam, że pragnę od życia właśnie tego.

Gdy miałam dwadzieścia kilka lat, przeprowadziłam się do Kalifornii, aby spełnić swoje marzenie. Pracowałam w teatrach oraz przy produkcjach teatralnych. Asystowałam reżyserom i zaczęłam się wspinać po drabinie sławy. Przedstawienia, w których uczestniczyłam, zaczynały wygrywać znaczące nagrody. Marzenia o Broadwayu i Hollywood zajaśniały w moim umyśle.

Światło w ciemności

Wtedy zostałam zwolniona – i mimo iż może to zabrzmieć śmiesznie, było to największe błogosławieństwo w moim życiu.

Teatr ma swoją ciemną stronę – stronę, która teraz przyprawia mnie o dreszcze, lecz w której wówczas musiałam, chcąc nie chcąc, uczestniczyć. Życie w teatrze jest olśniewające, ekscytujące i uzależniające – lecz niesie ze sobą również kluby, alkohol, narkotyki, kłótnie i przelotne romanse.

Stres w tej branży jest ogromny, a konkurencja agresywna. Każdy nieustannie ubiega się o następną rolę, następny występ, następny awans. Jest to szaleństwo ciągłego ruchu i ciągłych przesłuchań. Jeśli nie jesteś w stanie temu podołać, odchodzisz w zapomnienie. Przyjęcia były sposobem na wyróżnienie się i zostanie zauważonym. Każdy to robił. Nie było innych opcji.

Gdy bezdomny sięga po narkotyki, nazywamy go ćpunem. Gdy gwiazda filmowa robi to samo na zapleczu ekskluzywnego klubu nocnego, nazwiemy ją odważną i oryginalną.

Jeśli chciałam zawrzeć znajomości z bogatymi i sławnymi, musiałam być w centrum akcji. Przyjęcia były jedynym sposobem, aby zabłysnąć i stać się częścią elity.

Na tych przyjęciach moja rutyna była zawsze ta sama. Siadałam w kącie i z wolna sączyłam piwo, błyskając fikcyjną obrączką, aby odstręczyć niewłaściwych ludzi (mężczyzn i kobiety). Gdy zbliżała się do mnie pijana kobieta z bluzką zwisającą z ramion i prosiła o numer telefonu, mówiłam: „O nie, przepraszam, mój mąż czeka na zewnątrz".

Gdy obleśny mężczyzna zapraszał mnie do swojego pokoju, odpowiadałam: „Przepraszam, moja dziewczyna spodziewa się, że wrócę na noc".

Odpowiedź natręta była zawsze ta sama: „Kochanie, nikt się nie dowie…".

Pewnej nocy podszedł do mnie mężczyzna. Pod wpływem narkotyków jego źrenice były wielkości monet. Kilkakrotnie próbował mnie dotknąć. Spoliczkowałam go. „Łapy precz, potworze" – krzyknęłam.

Żyłam w Sodomie i Gomorze. Było to całkowite przeciwieństwo czegokolwiek boskiego czy duchowego. Wszystko w tej branży było ekstrawaganckie, rozrzutne i przesycone pożądaniem. Branża, która kiedyś inspirowała ludzi do marzeń, stała się propagatorem bezprawia.

Szczerze mówiąc, nigdy nie chciałam w tym uczestniczyć. Moje marzenie z dzieciństwa sprowadziło mnie na mroczną ścieżkę – wciąż usilnie pragnęłam występować, lecz chciałam, aby to inaczej wyglądało. „Musi istnieć coś lepszego niż to" – modliłam się.

Głęboko w środku czułam, że coś jest nie tak – *ja* czułam się nie tak.

Zwolnienie mnie uratowało. Gdy kilka tygodni później Amma przyjechała do mojego miasta, po raz pierwszy, odkąd pamiętałam, mój kalendarz był całkowicie pusty. Wybrałam się na program, nie wiedząc, czego się spodziewać.

Miałam wszystko, czego kiedykolwiek pragnęłam: pieniądze, kontakty, potencjalną sławę, lecz tego wieczoru, kiedy poznałam Ammę, wszystko się zmieniło – *wszystko*. Mój pierwszy darszan był bardziej upajający niż najmocniejszy narkotyk, bardziej ekscytujący niż najbardziej udana produkcja. W tym pierwszym uścisku w końcu odnalazłam to „coś", czego szukałam.

Nie mogę powiedzieć, że wszystko uległo natychmiastowej zmianie. Wciąż ze sobą walczyłam. Wiedziałam, że życie, które prowadziłam, uczyniło mnie pustą i nieszczęśliwą, ale nie potrafiłam porzucić pragnienia występowania. Amma znała moje serce i spełniła moje najgłębsze pragnienie w najlepszy możliwy sposób.

Moim ostatnim przedstawieniem była krótka sztuka na warsztatach Ammy w San Ramon. Miałam jedną linijkę… i najbardziej niebiańską publiczność. Nareszcie byłam gwiazdą: w pełni dostrzeżoną, kochaną i adorowaną w każdy możliwy sposób. Odczuwałam Jej miłość w najgłębszych zakamarkach mej duszy. Przez całe swe życie nie pragnęłam niczego innego niż teatru, lecz w tamtym momencie to pragnienie zupełnie zniknęło. Byłam wolna.

Amma wyrwała mnie z otchłani światowości. Porzuciłam teatr, przyjęcia, pieniądze i wszystkie te splamione marzenia. Po tamtym przedstawieniu już ich nie potrzebowałam. Pragnienie odeszło.

Piękno nie kojarzy mi się już z błyszczącą sylwetką gwiazdy. Dziś widzę piękno w dłoniach Ammy – dłoniach poświęconych służbie ubogim i potrzebującym, trzymających osobę za osobą w Jej ciepłym uścisku.

Nie chcę być już gwiazdą, jaśniejącą gdzieś samotnie na niebie. Zeszłam na ziemię i wszystko, czego dziś pragnę, to służyć.

Światło w ciemności

⚜ ⚜ ⚜

Amma przyszła, aby nas zabrać do naszego prawdziwego domu. Ten dom jest bliżej niż wszystko, co najbliższe, lecz my już dawno zapomnieliśmy, jak powinniśmy żyć, szczególnie jeśli zagubiliśmy się w ludzkich dążeniach i zwodniczych marzeniach. Amma powróciła, aby pomóc nam obudzić w sobie wrodzoną, lecz uśpioną Boskość – nie poprzez usiłowanie uczynienia nas nadludźmi, lecz poprzez czynienie nas prawdziwymi ludźmi, poprzez pomoc w pełnej realizacji naszego potencjału.

Amma zawsze uważała swą matkę za swojego Guru. Matka Ammy była bardzo wymagająca, wytykała każdy Jej błąd – lecz Amma była jej wdzięczna za te nauki. Dzięki matczynej dyscyplinie Amma mogła osiągnąć tak wysoką świadomość w tak młodym wieku.

W ten sam sposób Amma stara się prowadzić nas i chronić, lecz jeśli nie podążymy za Jej naukami, będziemy musieli nauczyć się na własnych błędach – takie po prostu jest życie. Bardzo często pragnienia stają nam na przeszkodzie i sprowadzają nas na niewłaściwą ścieżkę.

Amma przypomina nam, że w rzeczywistości boska iskra czystej miłości jest bardzo blisko. Jest ona w każdym z nas, na wyciągnięcie ręki. Amma próbuje zachęcić nas do sięgnięcia poza nasze pragnienia, tak abyśmy mogli zrozumieć głębsze znaczenie życia. Nie oznacza to, że powinniśmy przestać dążyć do osiągnięcia naszych celów. Wciąż możemy pracować nad zewnętrznymi osiągnięciami, lecz powinniśmy pamiętać, że są one jedynie bardzo niewielką częścią życia.

Amma chce, abyśmy zrozumieli, że prawdziwa nagroda w życiu jest o wiele bardziej satysfakcjonująca niż nazwisko i sława.

Ostatecznie „jesteśmy miłością". Gdy zapamiętamy tę prawdę, otworzy ona ukryty w naszym sercu skarb i znajdziemy to, czego zawsze szukaliśmy.

3. List miłosny

Widzieć rzeczy w zarodku, oto geniusz.

- Lao Tzu

Wiele lat temu, gdy przeprowadziliśmy się z mężem do Amritapuri[3], wszystko było tu mniejsze niż dzisiaj. Istniało tylko kilka departamentów: żadnego recyklingu, żadnego kompostowania, żadnego gospodarowania odpadami i żadnych farm. Nie było zwyczajnie infrastruktury potrzebnej do tych rzeczy.

Pewnego dnia w porze obiadu ja i mój mąż wdaliśmy się w żywą dyskusję z przyjacielem na temat uczynienia aszramu bardziej samowystarczalnym i przyjaznym środowisku.

Zainspirowani rozmową postanowiliśmy napisać do Ammy list wyrażający nasze życzenia. Wymieniliśmy wiele pomysłów: segregację odpadów, kompostowanie, ekologiczne uprawy, sprzedaż ekologicznych ziół, montaż paneli słonecznych… Lista była długa. Byliśmy podekscytowani, dzieląc

---

[3] Amritapuri – aszram Ammy.

się tymi pomysłami z Ammą, i mieliśmy nadzieję, że pobłogosławi niektóre z nich.

Poprosiliśmy miejscową rezydentkę, aby pomogła nam przetłumaczyć list na malajalam[4]. W trakcie czytania szybko zrzedła jej mina. Wyraźnie nie podobało jej się to, co napisaliśmy. Byliśmy skonsternowani. Gdy skończyła, odparła ze złością, że „absolutnie nie przetłumaczy" tego listu Ammie, ponieważ nie należało do naszych zadań mówić Guru, co ma robić. Mocno nas skarciła i odesłała z niczym.

Naszą intencją nie było krytykowanie czegokolwiek i zdecydowanie nie zamierzaliśmy mówić Ammie, co ma robić. Chcieliśmy jedynie zapytać, czy myśli, że któreś z tych pomysłów mogłyby wspomóc aszram, a jeśli tak, to na których powinniśmy się skupić.

Byliśmy tak wstrząśnięci i zasmuceni reakcją tej osoby, że postanowiliśmy nie dawać Ammie listu. Nie chcieliśmy się wydać nietaktowni, lecz pomimo najlepszych intencji nasz list okazał się obraźliwy. Całkowicie zniechęcona, włożyłam list pod obrazek Bogini Lakszmi na moim ołtarzu.

---

[4] Malajalam - język, którym posługuje się Amma, język mieszkańców Kerali

List miłosny

Kilka miesięcy później medytowałam obok Ammy podczas Jej europejskiej trasy. Gdy otworzyłam oczy, Amma spojrzała na mnie, uśmiechnęła się i przywołała mnie do siebie. Odezwała się w malajalam, a kobieta stojąca koło Niej przetłumaczyła: „Amma mówi, że bardzo podobał Jej się list, który Jej dałaś".

Byłam całkowicie skonfundowana. Nie dałam Ammie żadnego listu podczas tej trasy. Nie dałam Jej żadnego listu w ciągu całego tamtego roku. "Amma" – odparłam szczerze – „Nie dałam ci żadnego listu". Lecz Amma upierała się, że dałam Jej list. W końcu przypomniałam sobie o liście, który mój przyjaciel, mój mąż i ja napisaliśmy na temat pomysłów dla aszramu. List wciąż znajdował się dokładnie tam, gdzie go położyłam: pod obrazkiem Lakszmi na moim ołtarzu.

Zapytałam Ammy, czy ma na myśli list na moim ołtarzu. Amma wydała z siebie entuzjastyczne „Tak!", po czym przytoczyła i opisała szczegółowo wszystkie punkty, które wymieniliśmy. Powiedziała, że bardzo Jej się podobają wszystkie te pomysły i że bardzo się cieszy, że myślimy o tym, jak żyć w większej harmonii z Matką Naturą.

Wyszłam z tej rozmowy zdumiona i rozpromieniona. Skąd Amma znała szczegóły listu, którego nigdy nie widziała?

Na przestrzeni lat każda najdrobniejsza sugestia zawarta w naszym liście przyniosła owoce. Aszram przeszedł z palenia śmieci na cały system gospodarujący odpadami: przetwarzamy dosłownie wszystko. Istnieje dział kompostowania dostarczający kompost do nawożenia wielu farm znajdujących się wokół aszramu. Mamy nawet centrum medycyny naturalnej, w której sprzedajemy ekologiczne zioła uprawiane w dużej mierze w samym aszramie. Panele słoneczne pokrywają dach hali bhadżanowej[5], a ekologiczne warzywa uprawiane są w każdym zakątku i zakamarku aszramu.

Być może najbardziej ekscytujące jest to, że nasze projekty i działania są teraz wdrażane na zewnątrz aszramu i pomagają ulepszyć świat. Program Ammy „Amrita Serve" naucza metod ekologicznego rolnictwa w wioskach w całych Indiach. Departament gospodarowania odpadami naucza recyklingu, organizuje dni sprzątania ABC (Amala Bharatam)

---

[5] Hala Bhadżanowa – hala, w której odbywają się wszystkie duże spotkania w aszramie, w tym śpiewanie bhadżanów (pieśni religijnych).

List miłosny

– zbieranie śmieci w całych Indiach – oraz sprząta święte miejsca i rzeki w całych Indiach (łącznie ze świętą rzeką Ganges!).

Poza Indiami wiele aszramów Ammy w Europie, w Stanach Zjednoczonych i w Kanadzie utrzymuje ekologiczne ogrody warzywne oraz sady, buduje permakulturowe farmy, wprowadza metody oszczędzania wody, hoduje pszczoły i prowadzi lekcje na temat samowystarczalnego rolnictwa.

Amma nie tylko wiedziała, co tkwi w naszych sercach. Jej łaska doprowadziła do większej liczby projektów i inicjatyw środowiskowych, niż kiedykolwiek mogliśmy przypuszczać!

Od tamtego niezwykłego doświadczenia często piszę do Ammy listy i kładę je pod Jej zdjęciem na moim ołtarzu. Nawet w momencie gdy piszę list, wiem, że Ona już zna jego treść.

Gdy odsłaniam swoje troski przed Ammą, zawsze, bez wyjątku, pojawia się doskonale przejrzysta odpowiedź. Czasem przychodzi ona w postaci rozwiązania problemu. Kiedy indziej przychodzi w postaci przyjaciela mówiącego dokładnie to, co potrzebuję usłyszeć.

✧ ✧ ✧

Zawsze gdy zwracamy się do Ammy, w odpowiedzi zalewa nas Ona miłością i łaską.

Tak jak dziecko rosnące w łonie zasilane jest energią i pożywieniem przepływającym przez pępowinę, taka sama jest więź łącząca nas z Ammą. Zdobycie się na szczerość w stosunku do Ammy, nawet chwilową, daje Jej możliwość ponownego rozpalenia w nas tej wrodzonej boskiej siły, która w nas spoczywa.

Gdy w grę wchodzi miłość, odległość nie stanowi bariery. Kiedy otworzymy nasze serce, zbudujemy silną więź z Ammą i będziemy odczuwać przekaz Jej wiedzy, prowadzenia i łaski, gdziekolwiek się znajdziemy. Taka jest magiczna siła niewinnej czystej miłości.

4. Ucząc się uśmiechać

Serce jest instrumentem o tysiącu strun.
Może je nastroić jedynie Miłość.

- *Hafiz*

Moi rodzice i ja byliśmy imigrantami w kraju, który nie szanował różnic. Moja rodzina wyglądała inaczej, mówiła w innym języku, jadła inne jedzenie oraz miała inne zwyczaje i tradycje. Wystarczy powiedzieć, że dorastając, nie czułam się mile widziana.

Gdy byłam dzieckiem, mieszkaliśmy na małej wyspie. Nie było tam dróg, jedynie promy. Na wyspie znajdowała się tylko jedna szkoła, którą każdego roku podczas żniw zamykano, aby dzieci mogły pomagać rodzicom przy pracy. Miejscowi żyli w ten sposób przez stulecia.

Gdy byłam wystarczająco duża, aby rozpocząć edukację, rodzice chcieli, abym uczęszczała do szkoły przez cały rok, dlatego wysłali mnie na inną wyspę. Całe swoje dzieciństwo spędziłam w ten sposób: mieszkając w jednym miejscu, a chodząc do szkoły w innym. Co gorsze, co roku przeprowadzaliśmy się z domu do domu i z miasta do miasta.

Czułam się samotna i bardzo nieszczęśliwa. Gdy tylko udało mi się z kimś zaprzyjaźnić, znów wyjeżdżaliśmy. Jedyną rzeczą, którą sąsiedzi, nauczyciele i inne dzieci zauważyli we mnie, było to, że nigdy się nie uśmiechałam.

Ten głęboko zakorzeniony smutek towarzyszył mi w dorastaniu. Cierpiałam na ciężką depresję, lecz nigdy tego oficjalnie nie stwierdzono. Nikt nie potrafił zrozumieć, co jest ze mną nie tak.

Gdy weszłam w dorosłość, postanowiłam coś zrobić z tym przytłaczającym poczuciem nieszczęścia. Wiedziałam, że mam problem, i chciałam się uzdrowić.

Wypróbowałam wszystkie możliwe metody: ciągle zmieniałam pracę i miejsce zamieszkania. Próbowałam Qi Gung, eksperymentowałam z różnymi dietami i odwiedzałam licznych lekarzy, z których każdy mówił mi, że jestem całkowicie zdrowa. Brałam udział w uzdrawiających warsztatach i pracowałam z terapeutami oraz pracownikami socjalnymi. Zainteresowałam się historią swojej rodziny, aby lepiej zrozumieć swoich rodziców, i zaczęłam udzielać się w polityce, próbując naprawić świat.

Nic nie działało.

Na koniec zwróciłam się w stronę religii. Zapukałam do drzwi wszystkich jedenastu klasztorów w mojej wiosce. Naciskałam dzwonek za dzwonkiem, szukając miejsca, w którym mogłabym się zatrzymać. Jedenaście drzwi zatrzasnęło się przede mną z hukiem. Raz za razem słyszałam: „Nie ma tu dla ciebie miejsca. Znajdź sobie pokój w miasteczku".

W jednym z klasztorów przeor pozwolił mi zostać na jedną noc. Gdy powiedział mi, że jestem mile widziana, wybuchnęłam płaczem.

Z braku innych opcji kupiłam bilet lotniczy do Indii. Nie wiedziałam nic o duchowości. Jedyne, co wiedziałam, to że jedenaście razy zostałam odrzucona. Lecz gdy przybyłam do Ammy, wszystko się zmieniło. Amma powitała mnie z otwartymi ramionami. Mimo iż sama nie mogłam Jej nic dać, Ona obdarowała mnie domem.

Później zaczęła nade mną pracować. Uczy mnie i pomaga zrozumieć. Zanim trafiłam do Ammy, byłam w rozsypce. Czułam się bardzo słaba. Chciałam być lepsza, lecz nie potrafiłam się zmienić.

Amma nauczyła mnie, że podtrzymywanie bólu jest jak trzymanie się ciernistego krzewu przy jednoczesnym krzyczeniu, że boli. To my nie chcemy puścić swego bólu. Taka właśnie byłam – takie było moje życie.

Jestem pewna, że Amma szczerze pragnie, abym porzuciła wszelkie cierpienie, mimo iż ja często tak kurczowo się go trzymam. Chce, abym była dobra i szczęśliwa, i abym się zmieniła – nawet bardziej, niż ja sama tego chcę dla siebie. Zalewa mnie większą miłością, niż kiedykolwiek była mi znana, i kocha mnie o wiele bardziej, niż sama jestem w stanie siebie kochać.

Powoli i cierpliwie Amma pomaga mi się zmienić. Dzięki niej po raz pierwszy, odkąd pamiętam, potrafię się uśmiechać.

※ ※ ※

Tak wiele czasu spędzamy w stresie i bólu – martwiąc się o przyszłość lub żałując przeszłości. Szukamy na zewnątrz siebie, myśląc: „Gdybym tylko mógł znaleźć ten nieuchwytny klejnot, wtedy wszystko byłoby dobrze". Lecz tak czy inaczej ten klejnot zawsze pozostaje poza naszym zasięgiem…

Bardzo trudno jest zmienić swoje myślenie, ponieważ wymaga to pełnego skupienia na chwili obecnej.

Prawie nikt nie żyje w teraźniejszości (choć mogłoby się to wydawać proste, w rzeczywistości jest bardzo trudne), lecz czy nie powinniśmy przynajmniej próbować?

Gdy nauczymy się przebywać w teraźniejszości, doświadczymy wspaniałości stworzenia w każdej, nawet najmniej znaczącej rzeczy. Można ją znaleźć tutaj – tuż obok nas – czyli dokładnie tam, gdzie najmniej spodziewamy się ją ujrzeć.

Spójrz na cud jajka lub ziarenka. Doskonałość jabłka... Gdy spoglądamy na życie nieoceniającymi oczami chwili obecnej, wówczas szczęście, którego nieustannie poszukujemy, wypływa z naszego wnętrza.

Niedawno na lotnisku w oczekiwaniu na samolot kilkoro z nas towarzyszyło Ammie w poczekalni. Gdy upewniłam się, że Amma siedzi wygodnie, poszłam po swoją torbę, którą zostawiłam pod czyjąś opieką. Po drodze spotkałam wierną, która z nadzieją czekała na Ammę w hali odpraw. Powiedziałam jej, żeby nie traciła czasu, czekając, ponieważ Amma nie będzie ponownie tamtędy przechodzić. Będziemy wchodzić do samolotu bezpośrednio z poczekalni. Zamieniłam z nią kilka słów, po czym odebrałam swoją torbę i wróciłam do poczekalni, żeby usiąść z Ammą.

Nagle Amma wstała i ogłosiła, że chciałaby wrócić do tych, którzy zostali w hali odpraw. Delikatnie zaprotestowałam, mówiąc, że możemy wejść do samolotu prosto z poczekalni. Zaledwie kilka metrów od nas było wyjście prowadzące bezpośrednio do samolotu. Nie chciałam, aby Amma musiała bez potrzeby wchodzić i schodzić po schodach. Amma jednak nalegała: „Nie. Chcę pobyć przez chwilę z moimi dziećmi".

Zebranie wszystkich naszych toreb zajęło mi trochę czasu, więc Amma powróciła do grupy sama. Wierna, z którą rozmawiałam, samotnie stała na korytarzu. Ku jej zaskoczeniu zza rogu wyłoniła się Amma i powitała ją.

Kiedy dwie minuty później mijałam ją, wierna spoglądała na mnie w ekstazie, mamrocząc sylaby, których nie potrafiłam zrozumieć. Chciałam jej wysłuchać, lecz musiałam się spieszyć, żeby dogonić Ammę.

Kilka dni później wierna wysłała mi e-mail wyjaśniający, dlaczego nie potrafiła sformułować spójnego zdania podczas tego nieplanowanego spotkania na lotnisku. Napisała tak:

„WOW! – Co za niesamowita Łaska. Byłam sam na sam z Ammą przez kilka sekund. Powitała mnie, spojrzała na mnie i dotknęła mojej dłoni. Byłam w raju. To było jak błogi sen! Jakie to szczęście być sam na sam z Ammą, a potem podróżować tym samym samolotem! Wciąż jestem w ekstazie".

Kiedy odkrywamy duchowość, staje się ona najdroższym skarbem w naszym życiu. Gdy spoglądamy na świat oczami miłości, coś małego, takiego jak zwykły dotyk i kilka słów, może sprawić, że nasze serca wzniosą się ku niebu. Fizyczna obecność Ammy przynosi niewyobrażalną radość i szczęście. Lecz Amma chce, abyśmy dążyli do osiągnięcia tego najwyższego, trwałego szczęścia wewnątrz - umiejętności przebywania z Nią cały czas w naszych sercach.

Gdy podejmiemy wysiłek, aby widzieć Boskość w każdym i we wszystkim niezależnie od tego, dokąd zaprowadzi nas życie, odnajdziemy spokój i błogość.

5. Decydując się służyć

Od jednej świecy można zapalić tysiąc innych.

- Budda

Moje życie zawsze było chaotyczne. Wiedziałam, że chcę pomagać ludziom, ale nie potrafiłam dojść do tego, w jaki sposób. Było to niesprecyzowane pragnienie, trochę niejasne i zakryte, lecz zawsze obecne.

Karierę zawodową rozpoczęłam od nauczania w teatrze. Po kilku latach przeprowadziłam się na kuter rybacki i spędziłam dziesięć lat na Morzu Śródziemnym, całymi dniami i nocami nurkując głęboko w morzu. Potem byłam rzeźbiarką. Po trzech latach postanowiłam sprzedać pracownię. Nadszedł czas, aby pójść dalej. W tamtym momencie miałam wybór: mogłam albo kupić samochód, albo spędzić półtora roku z Ammą w Indiach. Wybrałam Indie.

Mój pobyt w aszramie był wyjątkowy. Amma otworzyła mi oczy. Nareszcie miałam okazję, aby prawdziwie służyć, czego zawsze pragnęłam. Wiedziałam, że ostatecznie będę musiała wrócić do domu, dlatego miesiąc przed wyjazdem zadałam Ammie pytanie. Głęboko w sercu pragnęłam pracować z młodymi ludźmi, lecz wciąż nie wiedziałam, co mogę dla nich zrobić. Wiedziałam jedynie, że chciałabym im w jakiś sposób pomóc.

Weszłam na scenę z gotowym pytaniem:

„Droga Matko, pragnę ci wiecznie służyć, lecz w tej chwili nie wiem dokładnie jak. Kocham cię".

Tłumacz spojrzał na mnie z uniesionymi brwiami. „Czy jesteś pewna, o co pytasz? Chcesz służyć Ammie wiecznie?".

Skinęłam głową.

"W jaki sposób chcesz służyć?" – zapytała Amma.

Wówczas, przed Nią, w mojej głowie skrystalizował się projekt. W tamtym momencie się zrodził. Przyszedł w pełni uformowany.

Miałam stworzyć ośrodek dla młodych kobiet, które nie miały gdzie się podziać, dla prostytutek i dziewcząt, które były seksualnie wykorzystywane. Byłby to dom dla wyrzutków społecznych, dla dzieci, które zostały odrzucone przez system i których nikt nie chciał. Byłby to ośrodek rehabilitacyjny oraz dom opieki.

Decydując się służyć

Urządzilibyśmy pokój do medytacji, uprawialibyśmy własną ekologiczną żywność i sami ją gotowali. Prowadzilibyśmy warsztaty oraz lekcje sportu i jogi. Dziewczęta otrzymywałyby prywatne lekcje i regularną terapię. Byłoby to bezpieczne miejsce – miejsce, w którym ich alfonsi nie mogliby ich znaleźć, miejsce, w którym byłyby wolne od narkotyków i przemocy. Byłoby to szczęśliwe miejsce, transformujące i uzdrawiające.

Kiedy pomysł został Ammie przetłumaczony, wybuchnęła głośnym radosnym śmiechem. Radość, którą Amma okazała w tamtym momencie, odtąd zawsze mnie zasila.

Zawsze gdy było mi ciężko, gdy napotykałam przeszkody, przypominałam sobie Jej śmiech. W tamtej chwili Amma powiedziała mi, że słyszała każdą moją modlitwę, że pomysł tego projektu pochodził od Niej i że taki dokładnie ośrodek chciałaby stworzyć we Francji.

Gdy zapytałam Ją, jak go nazwać, Amma zamilkła, jak gdyby spoglądając w przyszłość, po czym powiedziała, że nazwa przyjdzie sama, kiedy znajdę dom.

Było dla mnie jasne, że Amma widziała to miejsce okiem swego umysłu, że widziała spełnienie mojego marzenia. To poczucie było dla mnie ogromnym wsparciem w trudnych miesiącach, które miały nadejść.

Gdy wróciłam do Francji, natychmiast zaczęłam pracować nad projektem. Stworzyłam stronę internetową i rozpoczęłam proces zbierania funduszy. Następnie przyszła praca papierkowa oraz góra biurokracji.

Nie miałam żadnych pieniędzy, lecz zamiast podjąć pracę i skupić się na własnych potrzebach (co zrobiłabym pewnie dawniej), postanowiłam zająć się swoim projektem na pełen etat. Zamiast wynająć mieszkanie, pomieszkiwałam u różnych przyjaciół, śpiąc przez parę dni na jednej kanapie, a potem przenosząc się na następną. Gdy potrzeba pieniędzy stawała się nagląca, podejmowałam krótkoterminową pracę w fabryce, aby utrzymać się na powierzchni. Czułam obecność Ammy przez cały czas. Była ze mną w każdym momencie.

Za każdym razem gdy musiałam wykonać ważny telefon, czułam, że Amma stoi koło mnie. Jej Łaska podążała za mną krok w krok.

Kiedy następnym razem poszłam do Ammy na darszan, ofiarowałam Jej malutkie drzewko.

Decydując się służyć

Z całych sił pragnęłam, aby Ona w zamian również podarowała mi drzewko – drzewko, które mogłabym posadzić w ośrodku. Dała mi jednak jabłko. Był to pierwszy raz, kiedy podarowała mi jabłko.

Gdy po darszanie siedziałam w medytacji, zrozumiałam, że Amma dała mi dokładnie to drzewo, którego pragnęłam. W tym szczególnym jabłku było tylko jedno nasionko. Po powrocie do Francji posadziłam je i czekałam, cierpliwie go doglądając.

Praca trwała. Szukałam domu, wypełniałam uważnie wszystkie rządowe formularze i powołałam zarząd. Wszystko układało się dobrze, a w dniu, w którym odbywało się pierwsze posiedzenie zarządu, nasionko wykiełkowało.

Wszystkim, czego zawsze pragnęłam, było przelanie moich zdolności, mojej energii i mojego życia w służbę. Zanim zaczęłam podróżować z Ammą, nie wiedziałam, co robić, ale Amma dała mi wizję. Pobudziła moją wyobraźnię i umocniła serce. Nie byłabym w stanie tego uczynić bez Niej. Teraz realizuję swoje marzenia.

Te dziewczęta jeszcze tego nie wiedzą, ale są dziećmi Ammy. Amma pobłogosławiła nasz przyszły dom, a ja Jej ufam. Bez łaski Ammy, bez Jej siły – żadna z tych rzeczy nie byłaby możliwa.

Wiem, że przyjdą trudne chwile. Będziemy zmagali się z różnymi zagrożeniami, między innymi samobójstwem, przemocą oraz uzależnieniami. Lecz będą też magiczne chwile. Gdy widzę to miejsce, widzę radość. Słyszę muzykę i oglądam taniec. Widzę uśmiech Ammy na twarzach tych dziewcząt i wiem, że z czasem ich życie ulegnie transformacji.

※ ※ ※

Dzisiejsza młodzież dorasta w trudnych czasach. Tradycyjny system wartości bardzo podupadł w ostatnich latach i z tego powodu nasze dzieci cierpią. Lecz Amma tak pięknie przypomina nam, że istnieje inna droga.

Amma inspiruje ludzi, nasionko po nasionku, myśl po myśli, uścisk po uścisku, aby zmieniali świat na lepsze. Wszyscy mamy możliwość pochylić się ku Matce Ziemi i dzielić Jej radość, sadząc coś pięknego – czy jest to nasionko jabłka, czy wspólnotowy dom opieki.

Jeśli pozwolimy Ammie zasiać w naszych sercach ziarno czystej, bezinteresownej miłości, z pewnością doświadczymy bogatego plonu w postaci wszelkich największych błogosławieństw i radości, które niesie życie.

6. Nigdy sama

Zwątpienie jest bólem zbyt samotnym, by zobaczyć, że wiara jest jego bratem bliźniakiem.

- Khalil Gibran

W młodości byłam chrześcijanką, a dokładniej katoliczką. Byłam bardzo pobożna, lecz rozczarowana kościołem. Mieszkałam w zamożnej dzielnicy, gdzie księża nosili złote pierścienie i zegarki oraz wygłaszali błyskotliwe kazania, lecz nigdy nie wspominali o datkach dla ubogich czy pomocy w przytułkach dla bezdomnych.

Gdy miałam siedemnaście lat, kościół zorganizował spotkanie dla parafian, aby opowiedzieć o swych funduszach i ich zagospodarowaniu. Ksiądz z dumą pokazał mi szkice wielkiego projektu renowacyjnego, jaki miał w zamyśle dla kościoła. Prawie wszystkie ich pieniądze szły w rozbudowę.

Planowali podwoić rozmiar kościoła, powiększyć parking, postawić sklep z pamiątkami i wszystko skomercjalizować. Wiedziałam, że inne kościoły w okolicy robiły to samo. Mnie wydawało się to niepotrzebne i ekstrawaganckie.

„A co z działalnością dobroczynną?" – zapytałam. – „Czy nie wspieramy żadnych organizacji?" Mimo iż uczęszczałam do kościoła regularnie, nigdy nie słyszałam, żeby mówił o pomocy ubogim.

„Jest jeden szpital, któremu dajemy trochę pieniędzy" – odparł speszony. – „Każdego miesiąca przekazujemy im niewielką darowiznę, ale nie jesteśmy jedynymi, którzy ich wspierają. Jest dużo kościołów, które wspólnie utrzymują ten szpital".

Odeszłam z kościoła katolickiego.

Jedyną alternatywą była przynależność do pobliskiego kościoła protestanckiego. Gdy dorastałam, istniało bardzo niewiele możliwości: było się albo chrześcijaninem, albo ateistą.

Kościoły protestanckie były o wiele ciekawsze, z gitarami i żywą muzyką. Moi przyjaciele zaczęli zabierać mnie na chrześcijańskie koncerty rockowe, które szalenie mi się podobały. Muzyka była pełna pasji i czasem nawet całkiem uduchowiona. Po raz pierwszy w życiu poczułam prawdziwą więź z żywym, dynamicznym Bogiem. Lecz wciąż nie byłam usatysfakcjonowana.

Zaczęłam rozmawiać z agnostykami. Mieli dużo dobrych argumentów. Gdy zadawali mi trudne pytania na temat Boga, nie znajdowałam odpowiedzi. Wciąż byłam chrześcijanką, lecz zdecydowanie nie rozumiałam wielu aspektów wiary. Chciałam być bliżej Boga. Wiedziałam, że czegoś szukam, lecz czułam, że znajduję się bardzo daleko od znalezienia tego.

Z jakiegoś względu moim największym pragnieniem była służba światu. Było to czasem bardzo frustrujące, ponieważ nikt nie rozumiał, dlaczego tego chciałam. Ja sama nie wiedziałam. Teraz, po poznaniu Ammy, nabrało to większego sensu.

Gdy poszłam na studia, po raz pierwszy byłam wreszcie wolna i mogłam myśleć sama za siebie. Lecz jednocześnie byłam bardzo samotna i zaczęłam szukać przyjaciela. Chciałam znaleźć kogoś, kto podzieli moje duchowe zapatrywania.

Większość ludzi, których spotykałam, było albo agnostykami, albo fanatycznymi chrześcijanami. Nie było w zasadzie nikogo pośrodku. Wtedy poznałam chrześcijanina, który (w moim krytycznym spojrzeniu) porzucił swą wiarę. On nie przejmował się piekłem ani życiem po śmierci czy czymkolwiek podobnym. Zamiast tego spędzał swój czas, medytując w domu. Poczułam intensywne pragnienie ocalenia go. Bo przecież to robią chrześcijanie – ratujemy ludzi.

Moja praca wydawała się skrojona na moją miarę. Był to ktoś, kto studiował Biblię. Przeczytał ją od deski do deski. W rzeczywistości kilka lat wcześniej był on jednym z tych ludzi krążących po domach i usiłujących nawrócić innych. Teraz jedynie siedział we własnym domu i medytował, nie będąc już oczywiście chrześcijaninem. Byłam nim całkowicie zaintrygowana. Nie potrafiłam go rozgryźć. Myślałam, że coś z nim jest nie tak. Lecz prawda była taka, że to ja potrzebowałam pomocy, nie on.

Spędziliśmy razem kilka bardzo miłych miesięcy. On nigdy nie próbował mnie ocalić. Nie dbał o to. Dbał jedynie o mnie. Rozmawialiśmy dużo o duchowości i zapoznał mnie z nowymi ideami i koncepcjami. Dał mi książki o Jezusie, które pozwoliły mi ujrzeć Boga w zupełnie innym świetle. Przede wszystkim nauczył mnie medytować. Był to prosty, niedualistyczny rodzaj medytacji i bardzo mi się podobał.

Myślałam, że mogę zostać po prostu medytującą chrześcijanką. Lecz moi bliscy przyjaciele z liceum zaczęli wariować – kompletnie wariować. Przysyłali mi Biblie, mnóstwo Biblii. Jedna z koleżanek sfilmowała nawet swoje przedlekcyjne zajęcia, na których cała klasa siedziała razem, modląc się. Powiedziała, że wszyscy modlili się za mnie, mając nadzieję, że powrócę do Boga – i wszystko to dlatego, że zaczęłam medytować! Byłam w szoku.

Powiedzieli mi, że zmierzam do piekła. Było to dla nich wszystkich bardzo czarno-białe. Moja kuzynka powiedziała mi rzeczowo, że jeśli noworodek umrze, zanim przyjmie Jezusa do swego serca, wówczas pójdzie do piekła. Noworodek? Gdzie w tym wszystkim był kochający Bóg?

Wiedziałam, że moi przyjaciele i rodzina nie myśleli samodzielnie. Potrafili z łatwością recytować Biblię, lecz gdy drążyłam temat, nie byli w stanie przybliżyć znaczenia słów. Gdy tylko zaczęłam kwestionować ich poglądy, obrócili się przeciwko mnie.

Mniej więcej w tym czasie zaprzyjaźniłam się z kobietą, którą poznałam na studiach. Była wierną Ammy, lecz w przeciwieństwie do moich koleżanek z liceum wspierała mnie i nie usiłowała nawrócić. Bardzo się do siebie zbliżyłyśmy. Za każdym razem gdy opowiadała o Ammie, co nie zdarzało się często, zazwyczaj nawiązywałam do Jezusa. Ona tylko się uśmiechała i to mi się podobało.

W końcu zabrała mnie na satsang[6] swojej grupy. Było tam tylko kilka osób, które spotkały się, aby pośpiewać bhadżany oraz zjeść wspólnie obiad. Moje pierwsze wrażenie: ludzie byli całkiem mili, ale satsang był dziwny (naprawdę dziwny). Ci ludzie czcili kobietę! Była tylko jedna rzecz, którą wiedziałam z całą pewnością: nie powinniśmy czcić nikogo poza Jezusem. Wiedziałam, że nigdy nie wrócę. To był kult. To było złe.

Szczerze mówiąc, poszłam na to spotkanie jedynie dla mojej przyjaciółki, wiedząc, że to nie dla mnie.

Krótko później miałam okropną noc. Mój chłopak i ja rozstaliśmy się kilka tygodni wcześniej i czułam się bardzo samotna. Depresja, która wisiała nad moją głową od momentu rozstania, zaczęła brać górę. Leżałam na łóżku, płacząc.

Nagle zaczęłam się bać, że zrobię sobie krzywdę. Wiedziałam, że muszę wyjść z pokoju i gdzieś pojechać. Nie wiedziałam, dokąd jechać, ani nie dbałam o to, gdzie dojadę.

Prowadziłam auto, biorąc na ślepo zakręty i oddalając się coraz bardziej od miasta. Łzy płynęły mi ciurkiem po twarzy i niewiele widziałam.. Nie

---

[6] Satsang – duchowe spotkanie.

Nigdy sama

miałam pojęcia, gdzie jestem ani dokąd zmierzam. Po pewnym czasie znalazłam się na wsi i nagle rozpoznałam to miejsce.

Byłam pod ośrodkiem Ammy, do którego moja przyjaciółka zabrała mnie kilka miesięcy wcześniej. Nie miałam pojęcia, jak do niego trafić, lecz tam właśnie zawiózł mnie samochód.

Kiedy tam dotarłam, była pierwsza lub druga w nocy.

Podeszłam do jedynego budynku, jaki zobaczyłam, i nacisnęłam klamkę. Drzwi się otworzyły. Byłam zaskoczona. Duże pomieszczenie było prawie całkowicie puste, z wyjątkiem olbrzymiego zdjęcia Ammy. Samotne światło oświetlało Jej twarz.

Nie wiedziałam nic o Ammie – kim była ani co to wszystko znaczyło. Lecz miała przesłodki uśmiech. Gdy usiadłam naprzeciwko tego zdjęcia, wypłakałam przed Nią swe serce i opowiedziałam Jej o wszystkich swoich problemach.

Naprawdę czułam, że Ona mnie słucha. Miałam pewność, że mnie słyszy. Pokój wypełniała namacalna obecność i poczułam się podniesiona na duchu. Chciałam, żeby Ona mnie przytuliła.

W kącie pokoju był malutki sklepik ze stolikiem pełnym uroczych lalek przypominających Ammę.

Nigdy za bardzo nie interesowały mnie lalki, szczególnie odkąd skończyłam sześć lat, lecz wówczas mocno zapragnęłam mieć lalkę-Ammę.

Wzięłam do ręki jedną i trzymałam ją długo w ramionach. Czułam, jak gdyby przytulała mnie sama Amma. Musiałam ją mieć. Sprawdziłam, ile pieniędzy jestem za nią winna ośrodkowi, i zabrałam ją do domu.

Gdy dotarłam do domu, wstawało słońce. Padłam na łóżko i zasnęłam, przyciskając moją małą Ammę do serca. Gdy obudziłam się późnym rankiem, czułam się o wiele lepiej. Depresja prawie całkowicie odeszła. Od tamtej pory, gdy tylko czułam się smutna, tuliłam małą lalkę i wiedziałam, że wszystko będzie dobrze.

Nie mogę powiedzieć, że cały mój ból zniknął tamtej nocy ani że wszystkie moje problemy się ulotniły, lecz z pewnością nastąpiła duża zmiana. Od tamtej nocy czuję wielką odwagę i siłę płynące z wiedzy, że Amma jest zawsze ze mną.

Amma zawsze wysłuchuje naszych nadziei i marzeń, naszego bólu i naszych modlitw. Rozumie nas lepiej, niż my sami siebie rozumiemy.

Ona potrafi przez największą ciemność przedrzeć się do naszych dusz – nawet jeśli wydaje nam się, że wewnętrzne ściany bólu oddzielają nas od Niej. Nawet gdy nie czujemy Jej obecności, powinniśmy pamiętać: niezależnie od wszystkiego, Ona jest zawsze z nami.

Lata temu, gdy podróżowaliśmy pociągiem po Indiach, Amma wspomniała, że wszystko, co robi, ma znaczenie. Powiedziała to w środku nocy, gdzieś między Delhi a Kalkutą.

Gdy pociąg wjechał na stację, z peronu rozległ się śpiew: „Om Amriteshwaryai Namaha… Om Amriteshwaryai Namaha…".

Wierni zebrali się tam, mając nadzieję ujrzeć Ammę. Amma zerwała się z miejsca i pobiegła do drzwi wagonu, pragnąc ich zobaczyć.

„Czy możesz to otworzyć?" – poprosiła. Zablokowana zasuwa nagle ustąpiła i Amma mogła uśmiechnąć się do zebranego tłumu… Trwało to jednak tylko chwilę. Gdy pociąg ruszył, drzwi znów się zatrzasnęły.

Amma jednak jeszcze nie skończyła. Przycisnęła swą twarz do okna i uśmiechała się czule do każdego na peronie. Miłość wylewała się przez okno pociągu.

Tylko cienka szyba dzieliła Ammę od wiernych. Tłum napierał, próbując Jej dotknąć, czy też dotknąć przynajmniej szyby. Amma przycisnęła swą dłoń do szyby, dopasowując ją do dłoni jakiegoś mężczyzny, która była przyciśnięta do szyby po drugiej stronie. Następnie w ten sam sposób dotknęła również dłoni jakiejś kobiety.

Gdy pociąg z wolna opuszczał stację, wróciliśmy do przedziału Ammy. Tam szyba była zaciemniona. Wierni nie widzieli Ammy, lecz Ona ich widziała. Widziała wszystkich biegnących za pociągiem, wołających Ją. Niektórzy unosili dłonie ponad głowy, żegnając Ją, a inni usiłowali dotknąć szyby, ponieważ było to przynajmniej Jej okno...

„Taki jest świat" – powiedziała Amma, obserwując ich. – „Ja ich widzę, ale oni mnie nie. Guru widzi wszystko i wszystkich, ale nikt nie widzi Guru".

7. Zrobiłaś dobrze

Najbardziej natarczywe i naglące pytanie brzmi: „Co robisz dla innych?".

- *Martin Luther King*

Planowałam wstać wcześnie i od razu pójść na program Ammy, ale tak się oczywiście nie stało. Zaspałam. Późnym rankiem obudziła mnie swym telefonem przyjaciółka. „Gdzie jesteś?" – zapytała. – „Przyjeżdżasz?". Amma była w Los Angeles, a ja miałam Ją spotkać po raz pierwszy.

Wyskoczyłam z łóżka, pospieszyłam do miejsca, w którym odbywał się program, i dotarłam około jedenastej przed południem. Mój żeton miał numer ZZYZ, czy coś w tym stylu, i lokalni wolontariusze powiedzieli mi, że prawdopodobnie nie dostanę darszanu przed trzecią nad ranem następnego dnia. Miałam dużo czasu do wypełnienia, więc zaczęłam zwiedzać.

Pierwszą rzeczą, na jaką zwróciłam uwagę, były dobroczynne działania i charytatywne projekty prowadzone przez Ammę. Uwielbiam wolontariaty, dlatego dużo czasu spędziłam, czytając o różnych programach. Później zauważyłam sklep. Byłam podekscytowana. W tym momencie zaczął grać zespół... Centrum handlowe i zespół? Byłam w niebie.

Nie wiedziałam, czym jest to miejsce, ale już je pokochałam.

Przyjaciółka przywołała mnie gestem dłoni. Zajęła mi miejsce dziesięć rzędów od Ammy. Chłopak koło mnie również był nowy i chwilę rozmawialiśmy. Obróciłam się w kierunku Ammy. Nagle ludzie stojący przed Nią odsunęli się. Było to tak, jakby Morze Czerwone się rozstąpiło.

Amma spojrzała prosto na mnie i uśmiechnęła się.

Uczucie czystej miłości płynące z Jej spojrzenia rozeszło się po całym moim ciele. Czułam się tak, jakbym została owinięta najmiększą bawełną. Pamiętam, że pomyślałam: „To jest jak miłość, lecz ani trochę niepodobna do jakiejkolwiek miłości, którą dotychczas znałam". Koniecznie musiałam podejść bliżej. Przecisnęłam się do pierwszego rzędu za zespołem. Usiadłam i wpatrywałam się w Ammę. Im dłużej patrzyłam, tym bardziej moje serce się wypełniało. Siedziałam przyklejona do tego miejsca przez całe siedem godzin, nie mrugając.

Zrobiłaś dobrze

Dopóki Amma była w Los Angeles, wracałam na program każdego dnia. W dniu, w którym wyjechała, obudziłam się i mój umysł nie dawał mi spokoju: "Co teraz zrobię?" – pytałam siebie. Nie wystarczyło mi zobaczyć Ammę znowu pewnego dnia. Chciałam Ją widzieć *każdego* dnia. Wszystko, czego pragnęłam, to być znowu z Nią. Spędziłam wiele godzin, zastanawiając się, jak to zrobić.

Czułam się smutna i przytłoczona, gdy wyjechała, dlatego potrzebowałam zejść z powrotem na ziemię. "Może pójdę na zakupy" – pomyślałam. – "To zawsze działa". Kupiłam sobie kawę i pojechałam do centrum handlowego po buty. Usiadłam na kanapie sklepu z butami, myśląc: "Co się dzieje?". Całe to doświadczenie wydawało mi się o wiele mniej ekscytujące niż przedtem.

Snułam się po alejkach i w końcu znalazłam buty, które mi się podobały, ale co kilka minut przystawałam i marzyłam o Ammie. "Co ja robię?" – zadawałam sobie pytanie. – "Dlaczego tracę swój czas na te buty? Chcę być tylko z Nią".

Gdy zbliżałam się do kasy, zaczepiła mnie dziewczyna. Wskazała na buty, które trzymałam w ręce, i powiedziała: "Bardzo mi się te buty podobają.

Skąd je wzięłaś?". Wskazałam na regał, na którym je znalazłam. Zaczęłyśmy rozmawiać.

Wyznała, że za dwie godziny idzie na wesele i że nie ma żadnych ładnych butów. „Nie znoszę zakupów" – powiedziała. – „Czuję się bardzo zagubiona w tych ogromnych centrach handlowych". Podziękowała mi za wskazanie jej właściwego kierunku, po czym rozstałyśmy się.

Gdy byłam przy kasie, dziewczyna znów podeszła. Zapytała kobiety za ladą, czy została jeszcze jedna para takich butów jak te, które kupiłam.

„To ostatnia para" – odparła sucho ekspedientka. Ramiona dziewczyny zapadły się lekko, gdy odchodziła, odrobinę smutna i skonsternowana.

Wtedy, nie wiadomo skąd, w mojej głowie krzyknęła myśl: „Nie pozwól tej dziewczynie opuścić sklepu! Idź do niej i daj jej swoje buty!".

„Nie!" – odparłam stanowczo. – „Na pewno *nie* będę biec za tą dziewczyną. To jest zbyt dziwne. Chcę zatrzymać te buty".

Myśl powróciła. Nie dała się zignorować.

Przez kilka minut rozglądałam się dookoła, bez przekonania szukając dziewczyny. Nigdzie jednak nie było jej widać. Pewna, że opuściła sklep, wydałam z siebie westchnienie ulgi.

Wtedy weszła ponownie do sklepu.

Co mogłam zrobić? Podeszłam do niej i powiedziałam: „Weź moje buty. Potrzebujesz ich bardziej niż ja". Spojrzała na mnie przerażona, jak gdyby urosła mi druga głowa, czy coś w tym stylu. „To bardzo dziwne. Nie mogę tego zrobić. Są twoje".

„Tak, ale to ty idziesz za dwie godziny na wesele, nie ja. Kupiłam je, żeby coś kupić. Ty ich naprawdę potrzebujesz. Ja nie". Dziewczyna nie odzywała się. „Zobacz, to nie jest wcale dziwne. Nie będziemy z tego robić nic dziwnego. Po prostu weź buty i je zmierz".

Patrzyła na mnie przez chwilę. „Naprawdę...?". Buty pasowały jak ulał. Była wyraźnie zachwycona, ale spojrzała na mnie nieśmiało: „Jesteś pewna?".

„Słuchaj, tu nie ma w ogóle dyskusji". – Przewróciłam oczami. – „Musisz je wziąć".

Nagle poczułam silne mrowienie, które ogarnęło całe moje ciało. Było to dokładnie takie samo uczucie, jak to, którego doznałam podczas pierwszego darszanu u Ammy. Wszystko stało się jasne: „To dlatego! To jest lekcja od Ammy".

Dziewczyna uśmiechnęła się promiennie i powiedziała: „To jest jedna z najmilszych rzeczy, jakie ktokolwiek dla mnie zrobił... A nawet cię nie znam. Opowiem tę historię ludziom na weselu. Od teraz, za każdym razem gdy zajrzę do szafy, będę pamiętać o twojej dobroci i będzie mi to przypominać, abym sama była dobra".

Wydawało się to najprostszą rzeczą – jeden drobny gest w centrum handlowym w Los Angeles, jedna para butów... Ale to było o wiele więcej. W tamtym momencie była ze mną Amma. Czułam, jak gdybym otrzymała Jej darszan.

Zrozumiałam wtedy, że jeden drobny gest może pociągnąć za sobą wiele podobnych sytuacji.

Pomimo swojego odkrycia wciąż nie odzyskałam jeszcze pełnej równowagi, dlatego zrobiłam jedyną rzecz, która miała dla mnie sens: znów poszłam na zakupy. Tym razem odwiedziłam sklep Apple.

Znów, tak jak w sklepie z butami, siedziałam z kawą w ręce, kiedy nagle zorientowałam się: „Zaraz, co się właśnie wydarzyło?".

Odwróciłam się. Obok mnie stała dziewczynka, która wyglądała dokładnie jak Amma. Miała ten sam kolor skóry, te same włosy, te same oczy i dokładnie taki sam nos. Wspięła się na krzesło koło mnie i usiadła, podpierając podbródek dłonią w ten sam sposób, w jaki często robi to Amma. Spojrzała mi w oczy i uśmiechnęła się.

Wiedziałam, co dokładnie Amma chciała mi powiedzieć... „Zrobiłaś dobrze".

⚜ ⚜ ⚜

Ważne jest, aby myśleć o innych, a nie tylko o tym, czego sami potrzebujemy i chcemy. Duchowość jest bardzo praktyczna - przyziemna i praktyczna. Jest to zwyczajny zdrowy rozsądek, który wszyscy posiadamy.

Amma uczy nas korzystać ze zdolności rozróżniania, która tkwi w każdym z nas. Wszyscy posiadamy intuicję odróżniającą dobro od zła. Jeśli jej posłuchamy, próbując pomagać i nie szkodzić innym, będziemy wiedzieli, w jaki sposób się zachować.

Amma często przypomina, że jeśli nie będziemy wykonywać swoich czynności ze współczuciem, wówczas „miłość" pozostanie jedynie martwym słowem. Nie uda nam się doświadczyć prawdziwej miłości, dopóki nasze serce nie stopnieje ze współczucia dla innych.

Czasem gdy poświęcamy własne potrzeby, żeby pomóc innym, w rzeczywistości otrzymujemy więcej, niż gdy robimy coś dla siebie. Dobre uczynki otwierają nasze serca, robiąc miejsce dla Ammy.

8. Znajdując miłość

Ciemność nie może wypędzić ciemności; dokonać tego może jedynie światło. Nienawiść nie może pokonać nienawiści; jedynie miłość to potrafi.

- Martin Luther King Jr.

Mam najwspanialszą matkę. Zawsze była przy mnie. Rozpieszczała mnie, kochała i troszczyła się o mnie całym sercem. A mój ojciec? Bił ją. Czasem płakała, ale nigdy nie narzekała. Myślę, iż po części wierzyła, że na to zasługiwała.

Mnie ojciec nigdy nie uderzył, lecz nie sprawiał też wrażenia, jakby mnie szczególnie lubił. Nigdy nie byłam dla niego wystarczająco dobra i nie było nic, co mogłabym zrobić, żeby go uszczęśliwić.

Pewnego dnia w szkole, kiedy miałam osiem lat, zrobiłam wreszcie coś, z czego mogłam być dumna. Nauczyciel oddał nam nasze prace. Moja miała ogromne A +[7] wypisane czerwonym długopisem na samej górze. Byłam podekscytowana. Wreszcie miałam coś do pokazania ojcu.

---

[7] A+ - odpowiednik polskiej szóstki z plusem.

Wziął do ręki arkusz, marszcząc czoło. W miarę jak czytał moje dwustronicowe wypracowanie, jego zmarszczki pogłębiały się. „Tutaj! Zrobiłaś błąd". Źle zapisałam jedno słowo. Był wściekły i zamknął mnie w domu na trzy dni.

Później, gdy miałam dwanaście lat, ojciec nas opuścił. Po raz pierwszy od lat mogłam oddychać: żadnej przemocy, żadnego strachu. Pamiętam, jak wracałam do domu szkolnym autobusem i po raz pierwszy w życiu mój żołądek nie kurczył się ze stresu.

Znalazłam sobie chłopaka. Potem następnego. Od dwunastego do dwudziestego szóstego roku życia (gdy poznałam Ammę) zawsze spotykałam się z przynajmniej jednym mężczyzną. Zazwyczaj miałam dwóch chłopaków naraz, na wszelki wypadek. W ten sposób, gdyby jeden mnie zostawił, nie byłabym sama. Czasem moi partnerzy wiedzieli o sobie, a czasem nie. Nie było to dla mnie istotne.

Przeważnie potrzebowałam po prostu towarzystwa, ale oni oczekiwali czegoś więcej. Oferowałam to. Traktowałam to jako zapłatę za otrzymywane usługi – usługę trzymania na dystans tego okropnego, wiszącego nade mną poczucia samotności. Czułam, że jestem im to winna za ich przyjaźń.

Nienawidziłam siebie z całych sił. Wydawało mi się, że inni też by mnie nienawidzili, gdyby mnie dobrze poznali. Byłam złośliwa i agresywna, tak jak mój ojciec. Cały swój czas spędzałam na zaspokajaniu podstawowych potrzeb. Mój świat był pełen wrogów. Swoich najlepszych przyjaciół musiałam przekupywać przysługami.

Moje życie zmierzało donikąd i nic mnie nie interesowało. Porzuciłam edukację i nienawidziłam każdej pracy, której się podejmowałam. Pomimo tego, że byłam w dwóch (a czasem trzech) związkach naraz, czułam się całkowicie samotna.

Pewnej nocy sięgnęłam dna. Gdy leżałam na podłodze swojego mieszkania, płacząc, wykrzyknęłam do Boga: „Musisz mnie uratować! Musisz mnie stąd zabrać! Nie mogę już tak dłużej…".

Wtedy zjawiła się Amma.

Mój przyjaciel był Jej wiernym. Gdy Amma przyjechała do Europy, wydzwaniał do mnie każdego dnia, napastując mnie, żebym poszła Ją zobaczyć. Był wkurzająco natarczywy. Żeby go uciszyć, zgodziłam się poprosić szefową o urlop. Wiedziałam, że powie nie. Restauracja, w której pracowałam, była bardzo ruchliwa i brakowało rąk do pracy. Pracowaliśmy po osiemnaście godzin dziennie.

Gdy poprosiłam, szefowa spojrzała na mnie, oczywiście zaskoczona moją prośbą. „Czy będzie z tego coś dobrego?" – zapytała.

Co mogłam powiedzieć? Odparłam: „Moi przyjaciele wydzwaniają do mnie codziennie, mówiąc, że tak…".

„Wystarczą ci dwa dni czy potrzebujesz więcej?".

Odjęło mi mowę.

Kilka dni później, sceptyczna i wewnętrznie rozbita, dotarłam na program. Zajęłam miejsce na przedzie i czekałam, aż „ta Amma" się zjawi.

Gdy weszła do sali, widziałam jedynie światło. Była to silna, jasna energia, większa nawet niż cała sala. Światło zdawało się poruszać dookoła Jej malutkiego ciała. Emanowało z Niej, ale nie było do Niej ograniczone.

Po darszanie u Ammy po raz pierwszy od lat poczułam się zrelaksowana. Płakałam całą noc.

Wiedziałam, że odnalazłam Boga.

Dawniej uważałam, że jestem uparta, ale w Ammie znalazłam godną przeciwniczkę. Zmusiła mnie do transformacji, pomimo moich wszelkich wysiłków zmierzających do autodestrukcji.

Pierwsza zmiana, którą Amma wprowadziła w moim życiu, była przykra. W ciągu jednej nocy stałam się wyjątkowo nieatrakcyjna dla mężczyzn. Obaj moi partnerzy zerwali ze mną, jeden po drugim. To było straszne.

Wtedy zaprzyjaźniłam się z kobietą – potem następną. Zawsze bałam się kobiet, ponieważ nie mogłam nimi manipulować. Teraz, po raz pierwszy od piętnastu lat, byli w moim życiu ludzie, z którymi mogłam rozmawiać bez zobowiązań.

A najdziwniejsze było to, że naprawdę wydawali się mnie lubić.

Kilka miesięcy po pierwszym spotkaniu z Ammą odwiedziłam Jej aszram w Indiach i zobaczyłam dziewczyny pracujące w kuchni po osiemnaście godzin dziennie, tak jak ja, lecz w przeciwieństwie do mnie zachwycone swoją pracą. Odciągnęłam jedną z nich na bok i zapytałam: „Naprawdę pracujesz cały dzień i *lubisz* to…?".

Trudno mi było uwierzyć, że ktokolwiek *chciał* pracować. Gdybym w tamtym czasie miała wybór, nie skinęłabym palcem.

Kiedy zaczęłam robić sewę, po raz pierwszy w życiu znalazłam coś, co mnie zainteresowało. Kocham sewę. Jest to jak gdyby otwarcie drzwi dla łaski. Gdy mam jakiś problem, po prostu robię sewę i od razu zaczynam czuć się lepiej.

Amma wspiera mnie i prowadzi, niezależnie od tego, jak bardzo się opieram, czy jak okropne rzeczy robię. Jest mi wierna pomimo moich błędów i wybryków. Zna mnie na najgłębszym poziomie mojej duszy – i nie nienawidzi mnie. Kocha mnie taką, jaką jestem.

Nie szukam już desperacko mężczyzn, którzy by mnie kochali. Amma wypełniła moje ziejące pustką serce. Wiem, że jestem kochana bezwarunkowo, i ta świadomość pomaga mi kochać siebie.

⚜ ⚜ ⚜

Umysł pełen jest ulotnych myśli i emocji, lecz nie oznacza to, że musimy ich słuchać. Każdy ma pragnienia. Pragnienie samo w sobie nie jest problemem. Problem powstaje, gdy podążamy za tymi pragnieniami w sposób krzywdzący innych i siebie.

Gdy coś nas boli albo czujemy się zranieni czy zdenerwowani, jesteśmy szczególnie podatni na własny brak opanowania i błędne decyzje. W tym czasie bardzo trudno jest postępować rozważnie, właściwie rozróżniając. Mimo to ważne jest, abyśmy próbowali odpowiednio podejść do każdej sytuacji, żeby uniknąć reakcji, których później możemy żałować.

Pamiętaj, po co przyszedłeś na Ziemię, i nie podejmuj krzywdzących decyzji! Gdy angażujemy się w krzywdzące zachowania, osobą, którą krzywdzimy najbardziej, jesteśmy my sami.

Gdy dzieją się złe rzeczy, ludzie czasem zakładają, że Bóg jest okrutny. Tracą wiarę, narzekając: „Jaki Bóg pozwalałby na tyle cierpienia?". Lecz Amma rozumiała, nawet jako mała dziewczynka, że każda wykonywana przez nas czynność niesie za sobą skutki. Czasem te skutki objawiają się całe wcielenia później, lecz nasze uczynki zawsze do nas powrócą.

Nie można uciec od karmy, ale należy pamiętać, że niepojęte koło karmy jest po to, żeby nas czegoś nauczyć. Gdy karma wraca do nas w postaci nieprzyjemnego czy bolesnego doświadczenia, dzieje się tak, aby obudzić nas z głębokiego snu niewiedzy. Bóg nie jest okrutny. Boska Siła stara się jedynie prowadzić nas i ściągać ze złej ścieżki.

Czasem mówi się, że Guru jest wspanialszy od Boga, ponieważ Bóg daje nam tylko to, na co zasłużyliśmy (aby pomóc nam wzrastać). Guru z kolei ofiarowuje jedynie miłość i wybaczenie. Bardzo wyraźnie widzimy to u Ammy: w sposobie, w jaki rozmawia z tysiącami ludzi, którzy przychodzą do Niej każdego dnia. Ona jest strumieniem miłości Boga na tym świecie. Akceptuje nas ze wszystkimi naszymi słabościami. Czyni nas lepszymi i prowadzi do celu ludzkiej egzystencji.

Amma jest wcieloną miłością. Przyszła tu z czystego współczucia dla naszego cierpienia. Nieważne jak wiele błędów popełniamy, Amma nas kocha. Cierpliwie i konsekwentnie zachęca nas, abyśmy byli jak kwiat lotosu – abyśmy wydostali się z błota i sięgnęli słońca.

9. Stając się Ardżuną[8]

Uderzaj w dzwon, dopóki jest w nim dźwięk,
Zapomnij o swoim doskonałym podarunku.
We wszystkim jest pęknięcie,
Tamtędy wchodzi światło.

- Leonard Cohen

Byłam samotnym dzieckiem. Nie miałam przyjaciół, a moi rodzice bez przerwy pracowali. Zawsze zatrudniali kogoś, żeby się mną zajął, więc byłam zadbana, najedzona i tym podobne, ale czułam się samotna.

Moja matka pracowała dzień i noc. Kiedy była w domu, cały swój czas spędzała w swoim biurze. Mogłam z nią przebywać tylko wówczas, gdy siedziałam cicho jak mysz: żadnych szeptów, żadnego szurania, żadnego skrobania ołówkiem i żadnego kichania. Byłoby to trudne dla każdego, a tym bardziej dla nadpobudliwego dziecka. Jeśli za głośno przełknęłam, mogłam zostać wyrzucona.

---

[8] Ardżuna – postać z Bhagavad Gity; uczeń Kryszny.

Światło w ciemności

Pewnego dnia, gdy miałam pięć lat, spadła mi na policzek rzęsa. Mama podniosła ją i powiedziała z uśmiechem: „pomyśl życzenie".

Życzenia mogły się spełniać z rzęs?

Zaczęłam wymyślać życzenia. Życzyłam sobie, życzyłam i życzyłam.

Do czasu gdy skończyłam dwanaście lat, wykorzystałam wszystkie moje życzenia.

Moje rzęsy stały się nagie. Przeszłam do brwi. Moi rodzice nie zauważyli, ale pielęgniarka szkolna tak. Zadzwoniła do domu i wysłano mnie na terapię.

To nie zadziałało.

Przeszłam do głowy. W wieku trzynastu lat miałam na głowie pierwsze łyse miejsce, z tyłu czaszki – jak u starego mężczyzny. Przestałam wymyślać życzenia, ale gdy wyrywałam włosy, czułam się dziwnie komfortowo. To uczucie towarzyszyło mi jak stary przyjaciel, uspokajając mnie. Nie znałam żadnego innego sposobu na ukojenie wiecznie obecnego niepokoju.

Od trzynastego do osiemnastego roku życia nie byłam strzyżona. Za bardzo się wstydziłam. Tylko raz moja mama nalegała. Powiedziała fryzjerowi przez telefon, że mam białaczkę. W ten sposób nie musiałyśmy się wstydzić moich łysych placków.

Zrobiłam awanturę. Oczywiście wizyta nie doszła do skutku. Mama się poddała.

Na studiach obcinałam swoje włosy za pomocą nożyczek i lustra. Była to jedyna rzecz, która pomagała zmniejszyć pragnienie wyrywania. Miałam wrażenie, jak gdyby jakaś zła, mroczna siła mieszkała na szczycie mojej głowy. Była gęsta, obrzydliwa i lepka. Czułam, jak gdyby siedział tam jakiś demon, i nie mogłam tego znieść. Obcinanie włosów było jedynym sposobem na zwalczenie nałogu wyrywania. Tylko to przynosiło mi ulgę.

Często marzyłam o długich, pięknych, gęstych włosach, jak wtedy, gdy byłam dzieckiem, ale wiedziałam, że nigdy do tego nie dojdzie – nawet dzięki całym wcieleniom wysiłków. Byłam nieuleczalna.

Próbowałam wszystkiego, każdego rodzaju terapii: terapii behawioralnej, terapii w formie rozmowy, terapii uzależnień. „Przykro mi" – powiedział jeden lekarz. – „Może powinnaś spróbować gdzie indziej. To *nigdy* nie trwa tak długo". Próbowałam szamanów. Próbowałam magii. Próbowałam nawet egzorcyzmów. Nic nie działało. Przez dwadzieścia lat nic nie działało.

Później poznałam Ammę.

Początkowo nic się nie zmieniło, a moje uzależnienie pozostawało tak silne, jak dotychczas. Gdy pragnienie narastało, wciąż goliłam głowę nożyczkami. Moja głowa była usiana dużymi łysymi plackami i podejrzewam, że wyglądałam naprawdę śmiesznie z jednocentymetrową fryzurą własnej roboty.

Pewnego lata, mniej więcej rok po poznaniu Ammy, pękła moja mala[9]. Podróżowałam w tamtym czasie z Ammą i postanowiłam zrobić z koralików dwie identyczne bransoletki: jedną dla siebie, jedną dla Niej. Przyznaję, że były koszmarne, ale wydawało mi się, że są wspaniałe. Zrobiłam je z całkowitym oddaniem. Mówiąc szczerze, były to bransoletki, które tylko matka by pokochała. Założyłam je obie, czekając na swój darszan.

Później poszłam w nich do łazienki…

Nagle ogarnął mnie wstyd. Zrobiło mi się niedobrze. Jak mogłabym dać Ammie prezent, z którym właśnie byłam w łazience?

Zaczęłam się dusić, gdy pomyślałam o okropieństwie swojego błędu. Nie mogłam nikomu powiedzieć – to było straszne i zawstydzające. Wiedziałam jedynie, że gdyby ktoś się dowiedział, byłby mną zniesmaczony. Byłam brudna i mój dar był brudny.

---

[9] Mala – indyjski różaniec.

Czułam się chora na myśl o ofiarowaniu Świętej Matce czegoś tak nieczystego.

Nie wiedziałam, co robić. Zrobiłam tę bransoletkę specjalnie dla Niej, z tak dużą miłością. Ostatecznie, po długiej agonii, postanowiłam, że mimo wszystko muszę ją dać Ammie. Czy miałam inne wyjście?

Przyniosłam Ammie cały swój wstyd i włożyłam go na Jej nadgarstek.

Szepnęłam do Ammy z ekscytacją dziecka: „Amma, teraz do siebie pasujemy!". Przyciągnęła mnie do siebie. Usłyszałam Jej odpowiedź w swoim sercu: „Musimy pasować do siebie wewnątrz". W tym momencie cały mój wstyd zniknął. Dosłownie czułam, jak unosi się i odchodzi. Nagle wiedziałam, bez cienia wątpliwości, że nie muszę już wyrywać włosów.

Przestałam.

Dwadzieścia lat wysiłków i nic nie działało... nic. Ale podczas jednego darszanu Amma to wszystko zabrała. Dwadzieścia lat wstydu i poczucia winy, dwadzieścia lat sekretów i kłamstw – wszystko to zniknęło w jednym uścisku.

Nie mogę powiedzieć, że zawsze jestem doskonała. Wciąż czasem wyrwę kilka włosów tu i ówdzie. Z rzadka uzależnienie powraca i wtedy znowu czuję się jak na wojnie. W tych chwilach demony depresji i wstydu pokazują swe szpetne oblicza, lecz jest to nic w porównaniu z tym, co było kiedyś.

Przed tym darszanem miałam krótkie włosy, zawsze powyżej podbródka, zazwyczaj przycięte tuż przy głowie. Przez lata szłam przez życie bez brwi i rzęs. Codziennie walczyłam z intensywnym pragnieniem wyrywania włosów. Czasem przez całą noc, do wczesnych godzin porannych, zmagałam się ze swoim uzależnieniem. Zawsze przegrywałam. Nie mogłam przestać.

Nagle walka ustała. Skończyła się. Całkiem.

W tym jednym momencie stałam się Ardżuną, a Kryszna był moim woźnicą.

Wygraliśmy.

⚜ ⚜ ⚜

Amma próbuje nas wyzwolić z więzienia naszych umysłów. Otworzyła już drzwi, ale my często boimy się wyjść. Zamiast podążać ku światłu, przystrajamy nasze samotne cele wyimaginowanym lękiem i bólem.

Miłość Ammy nie zna granic. Ale wzniesione przez nas mury nie pozwalają jej doświadczyć. Bardzo trudno jest wyrwać się z narzuconych sobie kajdan. Amma powiedziała kiedyś, że wszyscy chcemy być wolni, ale nawet gdy Ona daje nam posmak wolności, wciąż zakuwamy się w te same znajome kajdany.

Na szczęście Amma nigdy się nie poddaje.

Amma otwarcie kocha wszystkich czystą, bezwarunkową miłością. Akceptuje każdego z jego wstydem, dumą, złością, lękiem oraz innymi niedoskonałościami. Z upływem czasu filtr Jej miłości oczyszcza nasze słabości, zamieniając je w siłę.

Głęboko w środku każdy z nas pragnie cudownej, trwałej miłości na całe życie. Amma daje nam niezachwianą matczyną miłość, na którą zawsze czekaliśmy. Jest matką, jaką większość z nas chciałaby mieć jako rodzoną matkę. Ona jest naszą matką, naszą prawdziwą matką i pomaga nam zrozumieć, że miłość jest samym źródłem życia.

10. Przezwyciężając przemoc

Wczoraj byłem sprytny, więc próbowałem zmienić świat. Dzisiaj jestem mądry i próbuję zmienić siebie.

- Rumi

Moja mama miała siedemnaście lat, gdy zaszła w ciążę. Urodziła mnie tuż przed swoimi osiemnastymi urodzinami. Nikt nie wiedział, kim był mój ojciec, i tajemnica owiewająca moje urodziny stanowiła źródło głębokiego wstydu dla całej mojej rodziny. Mógł to być każdy: listonosz, policjant, śmieciarz… nie powiedziała nikomu. Urodziłam się bez ojca, co spowodowało we mnie głęboki kryzys tożsamościowy.

Pierwsze dziesięć lat mojego życia było proste i przyjemne. Opiekowała się mną babcia, podczas gdy mama pracowała. Całe godziny spędzałam sama, wspinając się po drzewach i chowając w różnych zakamarkach naszej farmy.

Wtedy mama zakochała się w wojskowym, przeprowadziłyśmy się do miasta i wszystko się zmieniło. Babcia popadła w depresję, podobnie jak ja. W mojej nowej szkole panowała przemoc. Gdy miałam dziewięć lat, nauczyłam się bić. Moi jedyni dwaj przyjaciele byli cyganami mieszkającymi w pobliżu.

Pamiętam, że gdy przyjechałam, starszy chłopak przyparł mnie do ściany, chcąc mnie uderzyć w twarz. Jakimś cudem udało mi się złapać go za rękę. Moje palce były małe, ale złapałam jeden z jego dużych palców i wyginałam go, wyginałam i wyginałam... Usłyszeliśmy pęknięcie przyprawiające o mdłości.

Nigdy więcej mi nie dokuczał.

Chuligani praktykowali w naszej szkole wyjątkowo brutalny rytuał: gdy dołączał do klasy nowy chłopak, związywali mu ręce i nogi, po czym rzucali jego ciałem o betonowy słup. Śmiali się, gdy krzyczał.

Nie potrafiłam obojętnie przypatrywać się, gdy kogoś torturowano, dlatego zawsze stawałam w obronie i zbierałam za to każdym razem baty. Inne dzieci wrzucały mi robaki za ubranie i podpalały włosy. Byłam dotykana we wszystkich złych miejscach. Uderzano mnie i przystawiano mi nóż do gardła. Moje okulary były połamane. Mój nos krwawił.

Przezwyciężając przemoc

Nie wierzyłam w Boga. Babcia zabierała mnie czasem do kościoła, ale ksiądz bił mojego kuzyna, więc gdy nauczał o miłowaniu innych, nie wierzyłam mu. Pisałam na piasku: „Nikt mnie nie kocha". Nie ufałam miłości mojej matki, ponieważ wciąż nie zgadzała się powiedzieć mi, kim był mój ojciec. Moje serce cały czas bolało. Ciągle byłam zła. Niepotrzebna przemoc i cierpienie - tego było za wiele.

Zrobiłam jedyną rzecz, jaka wydawała mi się sensowna: uciekłam.

Będąc nastolatką, mieszkałam i pracowałam u bardzo zamożnych ludzi, żeby zarobić na swoje utrzymanie. Niektórzy z moich pracodawców byli piękni i sławni. Mieli wspaniałe dzieci, spędzali wakacje w egzotycznych miejscach i posiadali wszystko, czego chcieli, lecz mimo to wciąż byli nieszczęśliwi, jak cała reszta – więc po co się było starać? Życie traciło sens.

Im byłam starsza, tym bardziej życie wydawało się bezbarwne i pozbawione smaku. Gniewałam się na świat za przemoc - za niepotrzebne cierpienie, które sobie zadajemy. Nic nie było piękne. Nikt nie był inspirujący. Wszystko było sztuczne.

Nie wierzyłam w miłość.

Byłam przekonana, że ludzie jedynie udają, że się kochają, aby coś otrzymać. Próbowałam skrócić swoje życie w naturalny sposób: wypijałam dwa litry kawy i wypalałam dwie paczki papierosów dziennie. Byłam nieszczęśliwa.

W pewnym momencie rzeczy się odwróciły. Zaczęłam rozumieć, że problem tkwi we mnie. Jak mogłam oczekiwać od kogoś, że będzie taki, jaka ja sama nie potrafiłam być? Zamiast skupiać się na wadach innych, postanowiłam spróbować zmienić siebie.

Poszłam na terapię. Za namową mojego terapeuty zapisałam się na „warsztaty uzdrawiające". Warsztaty skupiały się na obudzeniu w sobie wewnętrznego dziecka i uzdrowieniu „historii z ojcem". To było dokładnie to, czego szukałam.

Mężczyzna prowadzący warsztaty poświęcił mi dużo uwagi. Zaprosił mnie do (bezpłatnego!) uczestnictwa w swoich następnych warsztatach, na temat duchowości. Zaczęłam podróżować i pomagać mu w pracy. Bardzo się do siebie zbliżyliśmy i stał się dla mnie jak ojciec.

Mniej więcej rok po rozpoczęciu terapii rozmawiałam pewnego dnia z przyjaciółką i zwyczajowo zapytałam ją: "Co zamierzasz robić w czasie weekendu?".

"Idę zobaczyć Ammę" – odparła.

Poczułam coś, czego nigdy wcześniej nie czułam – poruszenie, głęboko w moim sercu.

"Ja też idę" – oznajmiłam rzeczowo. Nie zapytałam nawet, kim była Amma, ani co robiła. Coś we mnie wiedziało, że muszę Ją poznać.

Gdy powiedziałam mojemu nauczycielowi, dokąd idę, próbował mnie zniechęcić. Narzekał: "Przecież ja też jestem oświeconym mistrzem".

Nic nie odpowiedziałam. Kochałam go bardzo, ale wiedziałam, że muszę tam pójść.

Dotarłam na program wcześnie następnego dnia i byłam jedną z pierwszych osób w kolejce. Energia w hali darszanowej była podniosła. Powietrze wydawało się bardzo czyste. Gdy podeszłam do Ammy, spojrzała na mnie i roześmiała się. Śmiała się i śmiała. Gapiłam się na Nią w całkowitym zdumieniu. Nagle ja też uznałam całą tę sytuację za śmieszną i zaczęłam się śmiać razem z Nią.

Zostałam na programie całe trzy dni. Łzy nieustannie płynęły mi z oczu. Nie czułam się smutna, to nie było to. Po prostu bez przerwy płakałam. Nie potrafię tego wytłumaczyć. Gdy te trzy dni dobiegły końca, czułam się całkowicie zregenerowana, na każdym poziomie: fizycznym, emocjonalnym i duchowym.

Najbardziej uderzającą zmianą było to, że złość i ból z powodu nieznajomości ojca całkowicie odeszły. Ten okropny, znienawidzony ból, który co dzień rozrywał moje serce, zniknął. Próbowałam wszystkiego, żeby uleczyć tę ranę, ale nic nie działało, dopóki nie poznałam Ammy. W ciągu tych trzech dni kryzys, z którym zmagałam się latami, całkowicie się ulotnił.

Wciąż mam swoje lęki, obawę przed odrzuceniem i tym podobne. Lecz nigdy więcej nie pragnęłam już usilnie poznać imienia ojca, ujrzeć jego twarzy czy spotkać go. Nie czułam się już porzucona i nie byłam już wściekła na matkę, która odmówiła mi prawdy. Moja relacja z nią zaczęła się uzdrawiać.

Gdy poznałam Ammę, doświadczyłam, że miłość, o której marzyłam, rzeczywiście istnieje. Tamtego dnia moje życie nabrało znaczenia. Zrozumiałam, że ONA jest tym, czego tak długo szukałam.

Amma często instruuje nas, żeby kochać i służyć, jak tylko możemy. Staram się z całych sił przyswajać Jej nauki. Ona zapoczątkowała radykalną zmianę w mojej świadomości oraz nadała mojemu życiu cel. Pomaga mi znaleźć okazje do ofiarowania siebie, a robiąc to, usuwa z mojego życia ciemność (i może również z życia innych ludzi wokół mnie). Przypuszczam, że to działa, ponieważ ostatnio mój szef często mówi mi, że mam zbyt wiele współczucia dla naszych klientów!

Ludzie nie są już niebezpiecznymi wrogami. Amma przekształciła problemy mojego życia z przytłaczających ciężarów w narzędzia rozwoju duchowego. Nauczyłam się postrzegać wyzwania jako możliwości, nie jako osaczające przeszkody. Gdy Amma zapaliła tę jedną małą świeczkę wewnątrz mojego serca, ciemność świata stała się mniej przerażająca.

Dziś moja rodzona matka jest moją bliską przyjaciółką – wyłącznie dzięki łasce Ammy. Gdy tylko byłam w stanie pokonać złość, nasza relacja uległa transformacji. Niedawno napisałam do niej pełen wdzięczności list: „Dziękuję ci. Dziękuję, że przyniosłaś mnie na ten świat. Dziękuję, że mnie zatrzymałaś, pomimo tego, że byłaś taka młoda i że czasy były trudne. Uwielbiam to, że każdego dnia znajduję okazje do rozwoju, nauki, a przede wszystkim do służenia. Dziękuję – ponieważ kocham ten świat i kocham swoje życie".

Światło w ciemności

⚜ ⚜ ⚜

Amma przebywa w nieprzerwanym stanie bezwarunkowej miłości. Zaprasza nas wszystkich, abyśmy do Niej dołączyli. Gdy służymy innym, jakaś część Jej energii i łaski przenosi się na nas.

Amma daje doskonały przykład. Pokazuje nam, że niezależnie od tego jak ciemny może się wydawać świat wokół nas, gdy będziemy bezwarunkowo dawać oraz służyć, doświadczymy niewypowiedzianej radości i szczęścia.

Nie musimy wcale robić niczego wielkiego ani istotnego. Zawsze znajdzie się ktoś gotowy zająć się problemem uważanym za „istotny". To raczej te małe rzeczy (jak wyniesienie śmieci czy zmycie czyjegoś talerza) wnoszą w nasze życie zadowolenie i radość. Jeśli nauczymy się być szczęśliwi, wykonując drobne gesty, takie jak te, odnajdziemy głębokie poczucie spełnienia (i rzeczy będą się dobrze układać).

Może się to wydawać dziwne, lecz gdy ofiarujemy coś z intencją czystej miłości, nie ma w tym poświęcenia. W rzeczywistości, dla prawdziwie poszukujących, ciężka praca i przegrana mogą stać się ogromnym źródłem radości (pomimo nabytych po drodze kilku odcisków i obolałych mięśni).

W moim życiu najsłodsze i najwspanialsze błogosławieństwa wypłynęły od Ammy, która dała mi możliwość służenia w Jej organizacjach charytatywnych. Nie każdy może przyjechać do Indii, żeby służyć, lecz gdziekolwiek byśmy nie byli, życie ofiarowuje nam wiele okazji do służenia. Gdy z nich korzystamy, wrota łaski otwierają się i życie staje się niezwykłą przygodą.

11. Rozpacz złamanego serca

Nasza największa chwała polega nie na unikaniu upadku, lecz na powstawaniu za każdym razem, gdy upadniemy.

- Konfucjusz

Urodziłem się w aszramie i do momentu, kiedy skończyłem szesnaście lat, prowadziłem życie duchowe. Będąc dzieckiem, czułem się zawsze szczęśliwy i spełniony. Nasz aszram był cichym miejscem. Mieliśmy bardzo niewiele, ale byliśmy zadowoleni.

Osiedle wokół naszego aszramu wydawało się zupełnie innym światem. Ulicami przewijało się wielu zamożnych ludzi. W sąsiednim domu mieszkał syn Ringo Starra. Wychowałem się pośród bogatych i sławnych, ale nigdy nie czułem się częścią ich środowiska.

Niektórzy z moich przyjaciół byli tak zafascynowani światem, że co miesiąc kupowali nowe „zabawki" – nowy samochód, nową łódkę, nowy narkotyk.

Większość moich kolegów szkolnych zaczęło chodzić na przyjęcia, prowadzić rozwiązłe życie i zażywać narkotyki przed dwunastym rokiem życia, ale mnie udawało się trzymać od tego z daleka. Znałem prawdziwą naturę życia. Nie potrzebowałem tych rzeczy. Moje serce było pełne.

Gdy miałem szesnaście lat, mój Guru odszedł i całe moje życie się zawaliło. Wyraźnie pamiętam dzień, w którym nas opuścił. Byłem całkowicie zrozpaczony i nie mogłem przestać płakać. Moja mama i bracia czuli się tak samo, dlatego nie potrafiliśmy się nawzajem pocieszyć. Byliśmy zagubieni. W jednej chwili wszystko, co mieliśmy, wszystko, czemu ufaliśmy i w czym pokładaliśmy nadzieję, całkowicie zniknęło z naszego życia.

Dziś rozumiem ten ból jako przywiązanie do formy, lecz nigdy wcześniej nie znałem tak doskonałej formy jak forma mojego Guru. Każde jego słowo, każdy oddech i każde działanie doskonale harmonizowało ze wszelkim stworzeniem. On był moim najdroższym przyjacielem, moim ojcem i moim Mistrzem – zawsze gotowym mnie prowadzić i wskazywać drogę ku wyzwoleniu. Nie wyobrażałem sobie, że ktokolwiek na świecie mógłby go kiedykolwiek zastąpić. Darzyłem go najwyższym szacunkiem, miłością i zaufaniem.

Rozpacz złamanego serca

Ta strata była dla mnie równią pochyłą w dół. Oszalałem.

Desperacko pragnąłem uśmierzyć ból – wypełnić dziurę w swoim sercu. Jego strata uczyniła mnie pustym w środku. Nie chciałem już żyć. Jeśli cały świat uganiał się jedynie za iluzorycznymi dobrami materialnymi oraz pustymi, bezsensownymi celami, nie widziałem powodu do kontynuacji.

Zacząłem brać narkotyki i żyć na krawędzi, żeby tylko nadać swojej egzystencji jakiś cel. Mówiłem „tak" wszystkiemu, co stawało na mojej drodze, niezależnie od tego, jak mroczne czy niebezpieczne to było. Dołączyłem do świata swoich kolegów. W ich pojęciu Bóg nie istniał: my byliśmy Bogami. Moi przyjaciele i ja myśleliśmy, że staliśmy ponad wszystkim, łącznie z prawem. Żyliśmy ryzykownie i robiliśmy, co chcieliśmy.

Byliśmy najgorszymi nastolatkami, jakich można sobie wyobrazić.

Moja mama bardzo się o mnie martwiła i zaczęła szukać nowego Mistrza, kogoś w fizycznym ciele. Czuła, że jest to bardzo istotne, aby znaleźć kogoś, kto mógłby nas uczyć i prowadzić.

W 2001 roku jej modlitwy zostały wysłuchane, kiedy natrafiła na plakat Ammy. Poszła na program i wróciła podekscytowana, mówiąc: „Amma jest taka sama. Tak samo naucza i ma taką samą energię. Musicie przyjść Ją zobaczyć!".

Ale moje serce pozostawało zamknięte. Nie chciałem otwierać się na nowego Guru. To było zbyt bolesne. Odmówiłem pójścia na program. Następnego roku Amma powróciła. Jakimś sposobem mamie udało się mnie przekonać. Nie zgodziłem się pójść na darszan, ale siedziałem i godzinami obserwowałem Ammę.

Czułem się brudny, kiedy na Nią patrzyłem, przypominając sobie jak bardzo się krzywdziłem. Czułem Jej duchową wielkość i wiedziałem, że nie jestem godny otrzymać Jej darszanu.

Ubrani na biało ludzie podchodzili do mnie, zadając to samo irytujące pytanie: „Czy miałeś już darszan?". Cały czas nalegali, ale ja naprawdę nie chciałem iść. Nie chciałem uścisku jakiejś Hinduski, której nie znałem. Ale po trzech godzinach zrozumiałem, że jedynym sposobem na pozbycie się tych ludzi jest pójść na darszan.

Kiedy Amma wzięła mnie w ramiona, doświadczyłem szerokiej, pustej, a jednocześnie nieskończenie pełnej, czarnej przestrzeni. Nie miało to żadnego sensu, ale obudziło we mnie wspomnienie.

Rozpacz złamanego serca

Gdy medytowałem z moim pierwszym Guru, często przebywałem w stanie błogości oraz głębokiej i szerokiej pustki.

Darszan Ammy posłużył jako most, przypominając mi, jak czułem się w jego obecności: pełen nieskazitelnej czystości i niewysłowionej niewinności. Te bliskie sercu wspomnienia natychmiast powróciły.

Czułem, jak gdyby Amma usunęła mój karmiczny ciężar – oczyściła mnie. Nie rozumiałem, kim Amma była, ale przypomniałem sobie swoją własną pełnię.

Mimo iż mój pierwszy darszan był piękny, nie wystarczył on, aby zmienić moje życie. Sprawy stały się nawet bardziej wyboiste, ponieważ coraz bardziej zatracałem się w złym towarzystwie. Zadawałem się z ludźmi, którzy szukali jedynie przyjemności. Ci ludzie mieli bardzo ciemną naturę i wciągnęli mnie w działalność przestępczą.

Zacząłem zastanawiać się nad tym, dokąd zmierzało moje życie: pogrążałem się w ciemności.

Pewnej nocy moi przyjaciele wystawili ogromne przyjęcie na jachcie. Dokonali złośliwej zemsty na kimś i zamierzali to uczcić górą narkotyków.

Postanowiłem opuścić tę planetę. Życie było dla mnie skończone.

Nie chciałem więcej utożsamiać się z tymi ludźmi ani egzystować w tak pusty i bezsensowny sposób. Chciałem to zakończyć. Nie widziałem innego wyjścia, dlatego postanowiłem przedawkować.

Zszedłem na dno statku. Był środek zimy.

Położyłem się na lodowatym metalu i pozwoliłem, aby zimno przeniknęło moje ciało. Najpierw zdrętwiały mi stopy, później łydki. Następnie chłód powędrował w górę. Straciłem czucie w dłoniach i w końcu rytm mojego serca ustał. Pozostał tylko jeden mały fragment świadomości, jedno ciepłe miejsce w moim umyśle. Potem i to zniknęło, i zniknąłem ja.

Nagle otoczyło mnie niesamowicie jasne światło. Było ono nie do opisania, wypełniało wszystkie wymiary. Poczułem ogromną radość oraz ulgę. Zapragnąłem zostawić wszystko za sobą i stopić się z tą Uniwersalną Świadomością, tym wspaniałym światłem świateł.

Gdy zacząłem zanurzać się głębiej w tym świetle, pojawiła się postać, najpierw malutka, a potem coraz większa, aż osiągnęła ludzki rozmiar. Na skraju śmierci mój pierwszy Guru przyszedł mnie powitać.

Rozpacz złamanego serca

Kiedy byłem dzieckiem żyjącym w jego aszramie, miał zwyczaj budzić nas co rano, dzwoniąc dzwonkiem i mówiąc: „Obudź się! Obudź się! Czas wstawać!". Tym razem, dzwoniąc dzwonkiem, powiedział: „To *nie* jest ten czas! Wstawaj! Wstawaj!".

Całe światło zostało wepchnięte z powrotem do mojego ciała. Podskoczyłem i kuśtykając, opuściłem statek. Myślałem jedynie: „Muszę wrócić do domu. Muszę wrócić do domu!".

Zadzwoniłem do mojej mamy i błagałem: „Proszę, proszę, zabierz mnie stąd!". Była trzecia nad ranem, ale mama wsiadła w samochód i przyjechała po mnie.

Wiedziałem, że muszę drastycznie zmienić swoje życie.

Dwa tygodnie później do mojego miasta przyjechała Amma.

Chciałem zapytać, czy było coś, co mogłem zrobić, żeby wesprzeć organizacje Ammy lub Jej projekty dobroczynne, ale byłem zbyt nieśmiały, żeby zawracać komukolwiek głowę swoim pytaniem. W ciągu dwóch minut poznałem mężczyznę, który (pomimo mojego sprzeciwu) zaciągnął mnie do Ammy i powiedział: „Amma, ten chłopak chce pomóc".

Amma obdarzyła mnie cudownym spojrzeniem. Jej oczy lśniły. Zapytała: „Czy możesz przyjechać do Indii?".

Nigdy o tym nie myślałem, ale wiedziałem, że to moja szansa.

Było to jedenaście lat temu.

Trudno jest stwierdzić, jak duży postęp uczyniłem przez te lata, lecz mogę powiedzieć tyle: niedawno spotkałem się z jednym z przyjaciół z poprzedniego okresu. Przez cały ten czas, który spędziłem w Indiach, pozostał nałogowcem. Ma tych samych znajomych i jego życie nie zmieniło się od jedenastu lat. Z przerażeniem obserwowałem, jak się stoczył: nie był w stanie normalnie mówić, bełkotał, nie mógł przestać się wiercić ani drapać, a jego umysł był wyraźnie pobudzony. Z trudem funkcjonował.

Wtedy zrozumiałem... to mogłem być ja (jeśli przetrwałbym tak długo).

Dziś widzę, że życie spędzone u boku Guru może zmienić nasze przeznaczenie. Taka jest moc oświeconej duszy. Amma sprawia, że jestem tak zajęty i skupiony na sewie, że nie mam czasu myśleć o mniej owocnych ścieżkach.

Wreszcie czuję się znów spokojny i pragnienie ulegania używkom jest zupełnie nieobecne.

Amma jest największym błogosławieństwem w moim życiu. Gdybym Jej nie spotkał, wiem, że popadłbym znowu w stare nawyki.

Miłość Ammy prowadzi mnie i transformuje. Amma tworzy atmosferę i środowisko, w którym czuję się akceptowany i spełniony– tak, że nie potrzebuję już nic więcej. Każdego dnia całym sercem dziękuję Jej za to, kim jest i co robi. Wszystkie inne osiągnięcia świata bledną w porównaniu z życiem poświęconym służbie dla takiej istoty.

Amma mówi, że wibracje świata same w sobie są w stanie nas przytłoczyć, dlatego potrzebujemy duchowej dyscypliny. Fale myśli i emocji będą zawsze odbijać się od brzegu naszego umysłu. Ale my nie powinniśmy im się poddawać.

Kiedy usiłujemy zjednoczyć się z Ammą za pomocą pozytywnych myśli, dobrych uczynków i modlitwy, torujemy sobie drogę do prawdziwego spełnienia. Zawsze jesteśmy tylko o jedną myśl od Niej. Ale musimy starać się nie popadać z powrotem w negatywne nawyki, tak aby Ona mogła nas napełnić od środka.

Światło w ciemności

Prawdziwy spokój osiągniemy tylko wtedy, gdy zwrócimy się do wewnątrz i będziemy dobrze żyć, pomagając innym. Dedykując swoje życie służbie, uzdrowimy nie tylko świat wokół nas, lecz również samych siebie.

12. Uleczyć traumę

*Im głębiej ból wcina się w twoją istotę,
tym więcej radości możesz pomieścić.*

- Khalil Gibran

Moja córka nie jest wierną Ammy. W rzeczywistości nawet Ammy nie lubi, ale to nie zmienia faktu, że Amma ocaliła jej życie.

Kiedy miała szesnaście lat, pewnego popołudnia wracała piechotą ze szkoły i potrącił ją nadjeżdżający z dużą prędkością samochód. Wyrzucił ją w powietrze i wylądowała twardo na jezdni. Złamała kość udową i doznała wielu innych obrażeń, ale ocalała.

Jak u wielu ludzi, którzy przeżyli wypadki z zagrożeniem życia, rozwinął się u niej zespół stresu pourazowego. Gdy przechodziła przez ulicę, miewała ataki paniki. Stała się bardzo nieprzyjemna i agresywna oraz, jak inne osoby cierpiące na ten zespół, była przekonana, że umrze młodo.

Po studiach poszła do szkoły dla fotoreporterów. Planowała przenieść się do kraju, w którym panował aktywny konflikt, i fotografować „proces pokojowy".

Problem z procesem pokojowym jest jednak taki, że najpierw musisz znaleźć wojnę.

Mówiła rzeczy takie jak: „Wiesz, fotoreporterzy mają największy wskaźnik porwań i morderstw ze wszystkich zawodów". Myślę, że była po prostu ciekawa mojej reakcji.

W chwilach otwartości zwierzała się, że nie ma zamiaru żyć powyżej wieku średniego, i nie sądzę, żeby nosiła się z pragnieniem założenia rodziny. Jej planem było podróżować i robić zdjęcia, dopóki nie zostanie porwana i zabita. Nieszczególny plan, ale jej chyba wydawał się romantyczny. Mnie zdecydowanie nie.

Jej pierwszym przystankiem po ukończeniu studiów były Indie. Przyjechała odwiedzić mnie w Amritapuri oraz sfotografować festiwal w Varanasi. Później planowała znaleźć wojnę, którą mogłaby udokumentować.

Przyznaję, że nie byłam zbyt miła. Poirytowana jej planami, ciągle ją dręczyłam. „Dzieci są takie urocze!" – mówiłam. – „Nie sądzisz, że portrety byłyby lepszym zajęciem?".

Ona oczekiwała zwyczajnego, przyjemnego czasu z matką, ale gdy tylko byłyśmy razem, stawałam się tak zestresowana jej złymi pomysłami, że kończyło się to kłótnią.

Jedną dobrą rzeczą, którą robiłam, było modlenie się o nią. Moją mantrą stało się: „Proszę Amma, zaopiekuj się sercem mojej córki. Proszę, czuwaj nad nią". Ta modlitwa mnie wypełniała. Moja córka nigdy nie była wierną Ammy, ale w głębi duszy głęboko pragnęłam, aby Amma przygarnęła moją małą dziewczynkę do siebie.

Wtedy Amma wyruszyła w trasę po południowych Indiach. Ja wróciłam do domu, do Stanów, a moja córka została sama w aszramie. Oczywiście nikt w aszramie nie jest nigdy sam – Amma wyraźnie mówi, że aszram jest przedłużeniem Jej ciała.

Kilka dni później wydarzyło się coś niewytłumaczalnego: gdy pewnego popołudnia moja córka leżała na łóżku po medytacji, poczuła ciemną, lepką energię unosząca się z jej serca, opuszczającą ją. Było to tak, jakby lata traumy zostały po prostu zabrane. Nie znam szczegółów tego doświadczenia, ale wiem, że potem nie była już nigdy taka sama.

Gdy dwa tygodnie później wróciła do domu, jej twarz wyglądała jasno i czysto – jak wtedy, kiedy była dzieckiem. Nie tylko zniknęła jej opryszczka, lecz sama twarz była też całkowicie zrelaksowana, jak gdyby jej ból się ulotnił. Ludzie mówili jej: "Wyglądasz, jakbyś zrzuciła dziesięć kilogramów!". Ale ona nie pozbyła się wcale fizycznego ciężaru, tylko emocjonalnego i duchowego.

Nagle mogłyśmy się komunikować w zupełnie inny sposób. Kłótnie ustały i czułam, jak gdybyśmy po raz pierwszy od lat rozmawiały w tym samym języku.

Krótko później znalazła praktykę dziennikarską w strefie wojny po drugiej stronie świata i wsiadła w samolot. Za każdym razem gdy spadała bomba, pytała, czy może pójść sfotografować zniszczenia. Dzwoniła do mnie, udając rozczarowanie – jej szef konsekwentnie odmawiał zgody (nie sądził, że młoda kobieta i najmniej doświadczony członek zespołu powinna dostawać najbardziej niebezpieczne zadania!).

Zaledwie po sześciu miesiącach swojej wymarzonej praktyki postanowiła zamknąć ten rozdział. Wtedy zauważyłam, że coś się głęboko zmieniło. Nie miała już do tego serca. Jej uwagę pochłonęła nowo odkryta miłość do Boga.

Wróciła do domu i zaczęła spędzać czas z młodzieżą z lokalnego kościoła ewangelickiego. Kiedy nie służyła w kościele, czytała Biblię oraz książki o Jezusie. Była zdeterminowana, aby dowiedzieć się jak najwięcej o duchowości i religii. To była zmiana o sto osiemdziesiąt stopni. Wcześniej nie przejawiała nawet najmniejszego zainteresowania Bogiem. Zawsze była pełną złości artystką i ateistką – ale teraz się zmieniła.

Przez kilka miesięcy, może rok, moja córka praktykowała medytację IAM na dachu swojego kościoła. Zawsze nosiła malę, którą kupiła w Amritapuri. Powiedziała mi, że chce pamiętać swój cud. Lecz w miarę upływu czasu zapomniała o Ammie i mala została rzucona w kąt.

Nagle to „Bóg" ją uzdrowił. Uważała, że jej transformacja nie miała nic wspólnego z „tą Hinduską". Im bardziej zagłębiała się w chrześcijaństwo, tym mniej chciała mieć do czynienia z Ammą. Przestała wierzyć w Guru.

Dzisiaj nie potrafiłabym jej nakłonić do odwiedzenia Ammy ani aszramu, nawet gdybym błagała. Próbuję jej uświadomić, że Amma i Jezus to jedno i to samo, ale ona wciąż jest jak zwykle uparta i nie chce o tym słyszeć.

Dzięki Ammie moja córka jest bardzo religijna. Wyszła za mąż i mieszka wraz z mężem w bezpiecznej podmiejskiej dzielnicy. Nie oczekuje już, że zostanie porwana i zamordowana, i nie planuje fotografować stref wojny. Jej aparat fotograficzny jest jednak w ciągłym użyciu: robi zdjęcia jej trojga pięknych dzieci.

Amma wiedziała, że gdy uzdrowi serce mojej córki, nie zostanie ona nigdy wyznawczynią hinduizmu ani Jej wierną. To nie było ważne. Wierzy w Chrystusa i to jest więcej niż wystarczające.

Amma zrobiła to, czego ja nie potrafiłam zrobić: uzdrowiła nasze dziecko w każdym wymiarze. Jestem absolutnie pewna, że Amma kocha nas w pełni i bez zastrzeżeń, bez względu na to, czy jest doceniana i chwalona, czy nie. Matczyna miłość nie pragnie niczego innego niż zdrowia i szczęścia wszystkich swoich dzieci.

Dzięki Ammie moja córka „narodziła się ponownie".

⚜ ⚜ ⚜

Amma traktuje cały świat jako rodzinę i wszystkich nas jako dzieci Boga. Nie ma dla Niej różnicy pomiędzy tymi, którzy są oddani Jej formie fizycznej, a tymi, którzy nie są. W jej umyśle nie ma oceniających barier.

Gdy my używamy przeciwko sobie różnic, tworząc konflikty i wojny, Amma rozpuszcza te nieuchwytne różnice w strumieniu uniwersalnej miłości.

Czasem czuję, że Amma jest jak potężny rezonans magnetyczny. Całkowicie nas prześwietlając, przedziera się przez wszystkie nasze słabości, przywiązanie i negatywność prosto do dobroci, która znajduje się w sercu każdego z nas. Amma wie dokładnie, czego potrzebujemy, i gdy wpadamy w Jej ramiona, wypełnia nas oraz składa z powrotem w całość. Po cichu zdejmuje z nas cały ciężar, który nosiliśmy przez lata (a nawet wcielenia).

Amma nigdy nie ocenia naszych poglądów, niezależnie od tego, czy jesteśmy ludźmi religijnymi, duchowymi, czy zanurzonymi w życiu doczesnym. Jej jedynym pragnieniem jest całkowicie nas uzdrowić: pocieszyć nas, gdy jesteśmy smutni, dzielić z nami radość, gdy się śmiejemy, i otrzeć nasze łzy, gdy płaczemy.

13. Znajdując w sobie Durgę[1]

Z cierpienia wyłoniły się najsilniejsze dusze; najpotężniejsze charaktery są pokryte bliznami.

- Khalil Gibran

Urodziłam się w Ameryce, w bardzo kochającej i duchowej rodzinie. Mój ojciec przez siedem lat był mnichem, a matka nauczała medytacji. Oboje bardzo kochali Boga i wychowywali mnie z ogromną miłością.

Miałam nieskalane dzieciństwo, wypełnione szczęściem i troską, ale gdy skończyłam osiemnaście lat, wszystko się zmieniło. Zakochałam się w dwadzieścia lat od siebie starszym mężczyźnie. Był atrakcyjny i charyzmatyczny, i wydawał się bardzo uduchowiony. A przynajmniej dużo mówił o duchowości. Trzy tygodnie po tym, jak się poznaliśmy, wzięliśmy ślub.

Moi rodzice sprzeciwiali się temu małżeństwu i nie zaakceptowali mojej decyzji. Po raz pierwszy

---

[1] Durga – imię nieustraszonej bogini.

w życiu zrobiłam coś wbrew ich woli i był to największy błąd w moim życiu.

Mój mąż był bardzo agresywny. Zmusił mnie do zerwania kontaktów z rodziną i przyjaciółmi. Regularnie groził mi więzieniem. Czasem groził, że mnie zabije. Wpoił mi, że wszystkie nasze problemy wynikają z mojej winy, i ciągle powtarzał mi, jak okropną jestem osobą. Wierzyłam mu.

Nie wolno mi było spacerować bez jego zgody. Gdy tylko dowiedział się, że rozmawiałam z kimś bez jego pozwolenia, czy to osobiście, czy przez telefon, dostawałam tamtej nocy niezłe lanie. Żyłam w ciągłym lęku.

Trzy miesiące po ślubie postanowiłam go zostawić. Wtedy dowiedziałam się, że jestem w ciąży. To był najmroczniejszy dzień mojego życia. Moje dzieciństwo było piękne, ale wiedziałam, że nie będę mogła przekazać tego daru swojemu dziecku. Rozważałam odejście, lecz w końcu postanowiłam zostać.

Zaczęłam zajmować się drobnymi praktykami duchowymi, żeby trochę się wzmocnić, ale było to bardzo trudne. Za każdym razem, gdy się podnosiłam, on z powrotem mnie ściągał. Krótko po narodzinach córki, mąż zabrał nas do Oklahomy, z dala od wszystkich, których znałam. Gdy tylko zrobiłam coś, co mu się nie podobało, groził, że wezwie policję i powie, żeby zabrali mi córkę.

Zebrałam się na odwagę i w tajemnicy napisałam do mamy e-mail. Powiedziała mi, że poznała Ammę i że wyśle mi pocztą czarno-białe zdjęcie.

Ten niewielki arkusz papieru, który przyszedł, był kserokopią zdjęcia Ammy. Przykleiłam ją do ściany. Każdego dnia patrzyłam na Ammę i płakałam. Pod zdjęciem była wypisana krótka mantra, która stała się moją mantrą. Powtarzałam ją w kółko, odsłaniając swe serce przed tym małym zdjęciem.

Odkąd zaczęłam się modlić do Ammy, czułam się coraz silniejsza. Pewnego dnia (nie wiem, co we mnie wstąpiło) zażądałam, abyśmy wrócili do domu. Powiedziałam mężowi, że opuszczam Oklahomę i zabieram ze sobą naszą córkę. Mógł wybrać, czy jedzie z nami, czy nie – ale my jechałyśmy.

Siła, którą okazałam w tamtym momencie, zaszokowała go. Ustąpił i wróciliśmy do domu. Mimo to wciąż jeszcze akceptowałam wszystkie okropne rzeczy, które mówił: wierzyłam, że to ja jestem ta zła.

Gdy byłam w domu, wiedziałam, jak się poruszać. Miałam rodzinę i przyjaciół, a także po cichu zdobyłam pracę. Wciąż trzymałam się kurczowo tej małej czarno-białej fotografii. Była moim kołem ratunkowym.

Kiedy dowiedziałam się, że Amma przyjeżdża do Ameryki, wiedziałam, że muszę Ją poznać. Znów wypłynęła ze mnie zaskakująca siła i nalegałam, żebyśmy pojechali Ją zobaczyć.

Gdy weszliśmy do hali, w której odbywał się program, czułam, że znalazłam cel swojego życia. Od tamtego momentu chciałam się całkowicie poświęcić służbie.

Nawiązałam już tak intymną relację z Ammą przez Jej zdjęcie, że spotkanie z Nią twarzą w twarz było bardzo niezwykłe.

Mój mąż i ja staraliśmy się pójść na darszan jako rodzina, ale ludzie wokół Ammy nie pozwolili nam. Cały czas nas rozdzielali. Gdy w końcu przyszła moja kolej, byłam sama. Bardzo silnie odczułam ten darszan. Czułam, jak gdyby Ona już mnie znała i czekała na mnie. Krzyczałam w duchu: „Matko, chcę wolności! Chcę Boga!". Amma złapała mnie za ramiona i spojrzała mi głęboko w oczy. „OKEJ!!" – powiedziała.

Znajdując w sobie Durgę

Po darszanie przez długi czas nie mogłam znaleźć męża, ale nie przeszkadzało mi to. Coś się zmieniło w środku... Skończyłam z nim.

Od tamtej chwili modliłam się: "Amma, proszę, zabierz mnie. Zabierz mnie teraz". Nie wiedziałam, jak to się miało wydarzyć, ale byłam pewna, że Ona mnie ocali.

Po darszanie stałam się o wiele bardziej niezależna: przestałam wierzyć w gierki i tortury mojego męża. Przeniosłam się z naszej sypialni do innego pokoju w mieszkaniu i powiedziałam mężowi o swojej sekretnej pracy. Powiedziałam mu nawet o samochodzie, który kupiłam (ukrywałam go za rogiem ulicy, żeby się nie domyślił).

W odpowiedzi na moją rosnącą siłę jego przemoc wylała się poza nasze mieszkanie. Nasze kłótnie stały się tak brutalne i głośne, że sąsiedzi zaczęli mnie pytać, czy nie potrzebuję pomocy. Pewnego dnia kłótnia nabrała takiej intensywności, że w momencie gdy mąż wyszedł, trzaskając drzwiami, zapukała sąsiadka, pytając, czy może mnie zabrać do przytułku dla kobiet. Podziękowałam jej, mówiąc, że nie będzie to potrzebne. Postanowiłam odejść. Spakowałam jedną torbę dla córki, jedną dla siebie, po czym odjechałyśmy.

Światło w ciemności

Amma dała mi siłę, żeby odejść. Modlitwa do Niej i świadomość, że Ona jest zawsze przy mnie, wyposażyły mnie w moc, której potrzebowałam.

Dziś mam reputację superkobiety, która potrafi wiele zdziałać. Stało się tak tylko dzięki Ammie. Zanim Ją poznałam, byłam uległa, cicha i zbyt nieśmiała, aby wejść na scenę. Nie mogłam nawet śpiewać w lokalnym chórze, ponieważ mój głos załamywał się ze zdenerwowania. Pozwalałam mężowi torturować się i wykorzystywać, ponieważ za bardzo się bałam postawić, odeprzeć atak czy odejść.

Amma uwolniła we mnie ogromne pokłady siły, odwagi i nieugiętości. Nie miałam pojęcia, że je posiadam. Dziś prowadzę organizację non-profit i wygłaszam wykłady w całym kraju. Prowadzę zajęcia i programy dla setek ludzi. Dzięki Ammie jestem w stanie wykorzystać to życie, żeby zrobić coś dobrego.

Amma widzi bezcenne klejnoty ukryte w każdym z nas i wydobywa je na światło dzienne. Szlifuje te klejnoty, pielęgnuje je i poleruje, dopóki nie zaczną błyszczeć. Dziś jestem nieustraszona. To jest klejnot, który Amma wydobyła ze mnie. Amma jest moją siłą i prowadzącym mnie światłem. Jest niepokonaną boginią Durgą wewnątrz mnie.

Gdy zmagamy się w życiu z trudnościami, wydają się nam one często niesprawiedliwe. Lecz niezależnie od tego, jak wiele problemów stanie na naszej drodze, powinniśmy starać się je przezwyciężyć oraz zachować pośród nich pewien poziom równowagi. Jeśli uda nam się to zrobić, staniemy się jak kwiat lotosu, który wyrasta wysoki i prężny z brudu oraz błota.

Najwięcej uczymy się z trudności, gdy postrzegamy je jako sprawdziany, które otrzymujemy, aby wzrastać – aby wzmocnić i oczyścić swoje umysły. Amma przypomina nam, że najmocniejsza i najlepszej jakości stal wytwarzana jest tylko w najgorętszym piecu. Wyzwania oraz bolesne doświadczenia nie są nam dawane, aby nas ukarać czy zniszczyć, ale po to, aby doprowadzić nas do miejsca, w którym będziemy zmuszeni odkryć swój prawdziwy potencjał. Głęboko wewnątrz nas tkwią ukryte, niewykorzystane skarby. Na szczęście dla nas Amma przenika przez nasz ból oraz lęk i pomaga nam odkryć bezcenne bogactwo, które nosimy w sobie, gdziekolwiek się udajemy.

Dzięki łasce Boga bolesna karma, którą musimy przecierpieć, może zostać przekształcona w cenne lekcje życia. Gdy zaufamy Opatrzności, staniemy się silni, odważni oraz świadomi własnej transformacji. Zasłona zostanie lekko uniesiona i dostrzeżemy ukryte piękno, które tkwi pod powierzchnią.

To my jesteśmy odpowiedzialni za sytuacje, w których się znajdujemy. Są one rezultatem naszych wyborów i karmy. Na szczęście Boska Moc zawsze oddaje nam to, co nam się należy, w najpiękniejszy sposób: stawiając nas w okolicznościach najbardziej odpowiednich dla naszego rozwoju. Prawda ta może być bardzo bolesna do zaakceptowania, lecz gdy nauczymy się przyjmować życiowe sytuacje z klarownością i ze zrozumieniem, osiągniemy głęboki spokój i nastąpi w nas niezwykła przemiana.

Bądźmy silni. Trudno wytrzymać, gdy zaciska się pętla karmy, lecz z biegiem czasu, dzięki naszej cierpliwości, odwadze i właściwemu zrozumieniu, rozwiąże się ona i nas uwolni.

14. Wybierając życie

*Wiara to wykonanie pierwszego kroku,
nawet jeśli nie widzisz całych schodów.*

- Martin Luther King Jr.

Zanim poznałem Ammę, ciągle trafiałem do szpitala: do oddziału behawioralnego szpitala psychiatrycznego. Moim jedynym pocieszeniem w życiu była myśl o samobójstwie. Nie wiem, czy naprawdę chciałem to zrobić, ale często wydawało mi się to najlepszą opcją. Kilkakrotnie próbowałem odebrać sobie życie, ale za każdym razem Boska Siła interweniowała i przeżyłem.

Mówiąc szczerze, nie wiedziałem, jak to jest czuć się dobrze. Gdy tylko miałem coś dobrego, niszczyłem to. Zostałem przyjęty na jeden z najlepszych uniwersytetów w kraju. Wyrzucili mnie. Nie potrafiłem utrzymać się w pracy i musiałem pójść na rentę. Nienawidziłem siebie i nienawidziłem życia.

Nie potrafiłem nawet znaleźć psychologa ani psychiatry, którzy chcieliby ze mną pracować. Terapeuci nie mogli ze mną wytrzymać. Byłem dla nich zbyt trudny – przynajmniej tak mi mówili. Terapeuci regularnie mnie „zwalniali".

Spędziłem trochę czasu w więzieniu i nawet moja matka nie zapłaciła za mnie kaucji. Jako że nie byłem kompetentny, aby odbyć proces w sądzie, mój przypadek przekazano do sądu dla upośledzonych umysłowo. Tam zostałem skazany na szpital psychiatryczny (ponownie). Ale nawet w szpitalu nikt mnie nie chciał.

Poszedłem do najlepszego szpitala w mojej okolicy. Miałem wszystkie dokumenty i ubezpieczenie. To była moja ostatnia nadzieja. Ale oni mnie nie przyjęli. Po jednym spojrzeniu lekarz przyjmujący powiedział: „Zapomnij o tym. Biorąc pod uwagę okoliczności, radzę ci iść do szpitala stanowego".

Nikt nie wiedział, co ze mną zrobić, i ja oczywiście też nie wiedziałem, co ze sobą zrobić. Czułem się kompletnie bezwartościowy.

Mówiąc szczerze, naprawdę lubiłem być w szpitalu i nie chciałem go opuszczać. Karmili mnie i sprawdzali, czy biorę lekarstwa. Zapewniali mi rutynę. Było to więcej, niż sam sobie mogłem zapewnić.

Moja najlepsza przyjaciółka ciągle się o mnie martwiła. Nalegała, abym poznał jej wujka. Nie chciałem tego. „Co on może zrobić?" – argumentowałem. – „Jest tylko kolejnym okropnym facetem". Ale ona nie przestawała nalegać.

Gdy w końcu go poznałem, chciał rozmawiać jedynie o Ammie. Myślałem: „Pewnie! Jakaś święta mi pomoże. Czemu miałbym w to wierzyć?".

On wciąż mówił, a ja przewracałem oczami. Ale jakimś sposobem jego słowa zaczęły do mnie docierać. Co miałem do stracenia? Jakaś niewielka część mnie była ciekawa, a nawet zaintrygowana.

Kilka dni później zobaczyłem ulotkę, która mówiła: „Przyjdź posłuchać o Matce Amritanandamayi". Czy to mógł być przypadek? Była to ta sama Amma, o której opowiadał mi wujek mojej przyjaciółki, dlatego poszedłem na wykład. Wciąż jednak byłem bardzo czujny i podejrzliwy.

W końcu postanowiłem wybrać się do miejscowego aszramu Ammy, po części ponieważ byłem ciekawy, ale głównie dlatego, że nie miałem nic innego do roboty. Ammy nie było w tym czasie w mieście, ale polubiłem wspólnotę i zacząłem uczęszczać na satsang regularnie.

Kilka miesięcy później Amma przyleciała do Stanów i stwierdziłem, że muszę poznać tę kobietę. Wszyscy, których znałem, mieli na Jej punkcie obsesję. Poleciałem do Seattle razem z nimi. Moi przyjaciele cały czas pytali: „Jakie jest twoje pierwsze wrażenie?".

Było beznadziejnie.

Uśmiechając się przez zaciśnięte zęby, skłamałem: „Jest wspaniale! Bardzo mi się podoba!".

Na zewnątrz śmiałem się i uśmiechałem, oszukując wszystkich oprócz siebie. Moją jedyną myślą było: „Muszę się stąd wydostać. Nienawidzę tego miejsca… Chcę wrócić do domu!".

Moja przyjaciółka naciskała, abym poprosił o mantrę. Gdy tylko na nią wpadałem, jak magnetofon powtarzała pytanie: „Dlaczego nie poprosisz o mantrę?". Mówiła tylko o tym. W końcu niechętnie się zgodziłem. Przynajmniej miałem ją z głowy.

Pod koniec programu siedziałem na piętrze na balkonie, gotowy do odjazdu. Pamiętam, jak przewiesiłem się przez poręcz balkonu, nienawidząc swojego życia. Chciałem umrzeć. Ponownie to znajome pytanie pojawiło się w mojej głowie: „Dlaczego się nie zabijesz?".

Wtedy, nie wiadomo skąd, do mojej głowy wpadła mantra i zaczęła wymazywać wszystkie negatywne myśli, jedna po drugiej. Nie wiedziałem nawet, jak wymawiać tę mantrę poprawnie, ale ona sama powtarzała się w kółko w moim umyśle. Czułem przy sobie obecność i wsparcie Ammy.

Gdy wróciłem do domu, zatraciłem się w sewie. Mimo iż umysł podpowiadał mi, że nienawidzę wszystkiego związanego z Ammą, było tam jednak przyciąganie, któremu nie potrafiłem się oprzeć. Nagle robiłem tysiące godzin sewy, pomagając przygotować nasze miasto na przyjazd Ammy. Przez wiele tygodni byłem całkowicie pochłonięty praktyką duchową – sewą oraz powtarzaniem mantry. Nie zrozumcie mnie źle, depresja wciąż nade mną wisiała i wciąż nie miałem pojęcia, co robiłem i po co. Lecz mimo to odczuwałem nieodparte pragnienie robienia sewy i powtarzania mantry.

Z wolna moja nienawiść i złość zaczęły topnieć.

Kilka lat (i wiele załamań) później pewna wierna zaciągnęła mnie do Ammy – dosłownie zaciągnęła.

Złapała mnie mocno za ramię i zaprowadziła pod Jej fotel. Nie chciałem tam być, ale ona nie zgodziła się mnie puścić, dopóki nie wcisnęła mnie w miejsce tuż obok Ammy.

Rozmawiały przez kilka minut i Amma powiedziała przez tłumacza: „Musisz słuchać lekarzy i brać leki. W przeciwnym razie przyjedzie po ciebie policja". To wszystko, co miała do powiedzenia.

Nie ufałem lekom. Gdy nie przebywałem w szpitalu ani sąd nie nakazywał mi ich brać, moje tabletki zawsze lądowały w koszu na śmieci (pomimo zaleceń lekarzy). Lecz gdy tylko Amma wypowiedziała słowo „policja", wiedziałem, że muszę posłuchać. Byłem przerażony perspektywą powrotu do więzienia.

Po programie, gdy Amma wsiadała do samochodu, wykrzyknąłem: „Amma, Amma, chcę z tobą jechać kamperem". Nie wiedziałem, czy mnie słyszy. „AMMA" – krzyczałem. Wszyscy się gapili.

Amma się odwróciła.

Popatrzyła na mnie tymi oczami... oczami, które mówiły: „Hmmm. Chcesz ze mną jechać kamperem?". Następnie spojrzała mi prosto w oczy i nakazała bardzo poważnie: „Weź tabletkę. Weź tabletkę!".

Gdy tylko wróciłem do domu, zadzwoniłem do lekarzy i powiedziałem coś, co nigdy wcześniej nie przeszłoby mi przez gardło: „Potrzebuję lekarstw! Dajcie mi lekarstwa! Potrzebuję ich *natychmiast*!".

Dzięki Ammie moje życie zaczęło ulegać powolnej transformacji. Dziś pracuję z najwspanialszą terapeutką. Potrafi mnie znieść nawet w najtrudniejsze dni – jest wierną Ammy i Amma stanowi podstawę naszej współpracy. Wróciłem do edukacji i po raz pierwszy zacząłem składać swoje życie w całość.

Pamiętam, że na pierwszym programie, w którym uczestniczyłem, w Seattle, Amma powiedziała: „Módl się o łaskę, nawet jeśli jej nie czujesz. Zawsze pamiętaj, że Bóg i Guru zaopiekują się tobą niezależnie od tego, w jakim jesteś stanie". Wówczas nie wierzyłem Jej w pełni. Mimo to zacząłem się nieustannie modlić o Jej łaskę – prosić, aby czuwała nade mną i opiekowała się mną. Nie potrafię tego wytłumaczyć. Może byłem zdesperowany... Nic innego nie działało, ale to zadziałało.

W przeszłości miałem w sobie mnóstwo złości i nienawiści do siebie. Ale dzisiaj nauczyłem się ufać. Wiem, że Amma jest zawsze ze mną i że nigdy nie zostawi mnie samego. Kocha mnie i dba o mnie.

Tylko wówczas gdy zerwiesz wszystkie etykietki, zobaczysz, kim Amma naprawdę jest: czystą miłością i czystym współczuciem. Gdy nie wiesz, jak smakują miłość i współczucie, może być je trudno rozpoznać. Wierz mi, znam to.

Zanim poznałem Ammę, byłem całkowicie zagubiony, załamany i samotny. Nie miałem nikogo i chciałem sobie odebrać życie. Amma zmieniła wszystko.

Światło w ciemności

Wciąż miewam złe dni, wiele takich dni, ale po raz pierwszy wiem, że wszystko jest ze mną w porządku. Przez lata moim jedynym pocieszeniem była myśl o samobójstwie. Teraz nie wchodzi to już nawet w grę. Amma uczy mnie żyć.

⚜ ⚜ ⚜

Bardzo często żyjemy jak w więzieniu, zamknięci w odizolowanym świecie, który sobie stworzyliśmy. Winimy za swoje problemy warunki zewnętrzne, innych ludzi czy nawet Boga, ale w rzeczywistości to nasze własne czyny i wewnętrzne nastawienie doprowadziły nas tu, gdzie jesteśmy.

W rezultacie wpadamy w lepką pajęczynę, utkaną z powtarzanych przez nas złych nawyków. Gdy jesteśmy tak uwięzieni, prawie niemożliwe jest się uwolnić. Lecz Amma zna magiczne zaklęcie, które może rozpuścić pajęczynę, rozwiązać węzły... i uwolnić nas.

Niezależnie od warunków każdy z nas doświadcza świata zupełnie inaczej. Większość z nas opiera swoje decyzje i oceny na zmieniających się nieustannie myślach i emocjach, które ciągle przez nas przepływają, zaburzając nasz obraz rzeczywistości. Ale Amma nie żyje w ten sposób. Jej wizja jest zawsze przejrzysta.

Ktoś, kto osiągnął czysty stan jedności z Bogiem, jest wolny od chaosu nieprzerwanie kotłujących się myśli i emocji. Klarowność i jasna wizja wypływają z niego spontanicznie, bezpośrednio z wewnętrznej mądrości. Pozostaje on trwale połączony z Boską Siłą.

Amma mówi, że jedynie siła miłości może uzdrowić świat. I dlatego przyszła Ona do nas w postaci kochającej Matki. Miłość Ammy jest dostępna dla nas cały czas... musimy jedynie pamiętać, że Jej miłość znajduje się zaledwie o jedną myśl od nas. Obecność Ammy jest największym darem Boga dla naszego cierpiącego świata.

15. Wybierając światło

Nie ma nic miększego ani bardziej elastycznego od wody, a jednak nic jej się nie oprze.

- Lao Tzu

Przybyłem do Amritapuri w pierwszy dzień Bożego Narodzenia w 2007 roku o pierwszej trzydzieści w nocy. Przydzielono mi pokój w świątyni i położyłem się o drugiej. Nigdy wcześniej nie śniła mi się Amma, ale tej nocy śniło mi się, że miałem Jej darszan. Był to bardzo żywy sen. Powitała mnie i złączyła swoje serce z moim. Dała mi radę, którą wciąż pamiętam, i wtedy, gdy trzymała mnie w ramionach, obudziłem się.

Była piąta rano. Arczana, recytacja tysiąca imion Świętej Matki, właśnie się rozpoczęła. Mantry rozbrzmiewały w całym aszramie. Słyszałem mężczyzn śpiewających w hali darszanowej i kobiety w świątyni. Wyskoczyłem z łóżka i zbiegłem na dół.

Był to pierwszy dzień świąt w Amritapuri i czułem się jak dziecko na placu zabaw. Cały aszram wydawał się zaczarowany. Spałem tylko trzy godziny, ale czułem się pełen energii i podekscytowania. Otrzymałem swój pierwszy darszan i były to najbardziej magiczne święta w moim życiu.

Tamtej nocy nie mogłem spać. Całkowicie rześki, o trzeciej nad ranem wciąż rozglądałem się po aszramie. Gdy podszedłem do sceny (mimo iż została zamknięta), usłyszałem muzykę, dlatego rozsunąłem drzwi, żeby zobaczyć, co się dzieje. Ujrzałem Ammę praktykującą bhadżany z dwudziestoosobową grupą.

Dołączyłem do tej intymnej sesji bhadżanowej. Amma śpiewała w kółko tę samą piosenkę. Brzmiała ona jak kołysanka. Zacząłem zapadać w sen i wtedy obudziło mnie bardzo silne klepnięcie w ramię. Cała grupa, łącznie ze Świętą Matką, wpatrywała się we mnie. Spoglądając mi prosto w oczy, Amma powiedziała z naciskiem: „Obudź się mój synu, obudź się". Znaczenie Jej słów było dla mnie oczywiste.

Zanim poznałem Ammę, posiadałem wszystko, czego pragnąłem: atrakcyjną dziewczynę, mieszkanie, samochód, skórzaną kanapę i telewizor plazmowy. Mieszkałem w pięknym mieście i miałem wspaniałego psa. Zaspokajałem swoje pragnienia, od czasu do czasu sięgałem po narkotyki i uganiałem się za tym, co wydawało mi się szczęściem. Posiadałem wszelkie wygody, ale ani odrobiny wewnętrznej satysfakcji, której szukałem.

Po tamtych świętach wróciłem do domu i wznowiłem życie tam, gdzie je zostawiłem. Zacząłem coraz bardziej zbliżać się do Ammy i odwiedzać Ją, gdy tylko mogłem. Sporadycznie praktykowałem medytację, ale nic poza tym się nie zmieniło.

Kilka lat później Amma znów ukazała mi się we śnie. W jednej ręce trzymała mnie. Stałem obok swojej dziewczyny i mieliśmy dziecko. W drugiej Jej dłoni już sam siedziałem w pozycji lotosu, otoczony światłem. Spojrzała na mnie i powiedziała: "WYBIERZ". Moc Jej słów obudziła mnie.

Przesłanie było jasne: czy chcesz rodzinnego życia i domu z ogródkiem, czy chcesz być otoczony boskim światłem? Zostawiłem dziewczynę, sprzedałem mieszkanie i przeprowadziłem się do Indii.

Te lata były najbardziej niezwykłymi w moim życiu – bycie z Ammą, jeżdżenie z Nią w trasy, przebywanie z ludźmi, którzy są w pełni Jej oddani. Czuję się połączony ze swoim prawdziwym Ja, tym, którym naprawdę jestem, ponad ego.

Zawsze byłem radosnym człowiekiem, poszukującym przyjemności, lecz dawniej moje szczęście opierało się na rzeczach zewnętrznych: ogromny

Światło w ciemności

telewizor, lśniący samochód, piękna dziewczyna. Teraz czuję tę głęboką radość w sobie, ona jest tam zawsze. Jest to obecność, głębokie spełnienie, które nie zmusza mnie do szukania czegokolwiek, czego nie znajduję w sobie samym.

Większość ludzi nie wie, jak znaleźć prawdziwe szczęście. Tak jak oni szukałem szczęścia w zewnętrznych sytuacjach, ale ostatecznie zawsze czułem się pusty, smutny i niezadowolony z życia. Nie satysfakcjonowało mnie to, kim byłem.

Teraz całe moje życie stało się „prasadem[2] Guru". Wszystko, przez co przechodzę, wzloty i upadki, jest jak podarunek. Po raz pierwszy czuję się komfortowo sam. Nie szukam już niczego poza Bogiem. Amma jest wszystkim, czego kiedykolwiek pragnąłem.

Wierzę, że istnieję tylko i wyłącznie dzięki łasce Boga. Każdego dnia budzę się z wdzięcznością. Po raz pierwszy w życiu jestem w pełni usatysfakcjonowany. Niezwykle jest czuć się w ten sposób – cieszyć się samym faktem, że żyję.

---

[2] Prasad – dar od Guru, tradycyjnie pobłogosławiony przez Guru pokarm.

Gdy Amma widzi, jak Jej wierni odkrywają wady materializmu, Jej oczy błyszczą z dumy. Mówi: „Moje dzieci wyzwoliły się z kajdan. Pragną jedynie pracować bezinteresownie dla innych, ponieważ dzięki temu zdobędą największe możliwe bogactwo: spokój umysłu".

Ekscytuje mnie myśl, że naprawdę można pokonać pokusy iluzji. Iluzja wabi nas słodko materialnymi luksusami, nazwiskiem i sławą, ale gdy poddamy się jej pokusom, obróci się przeciwko nam i zakuje nas w kajdany smutku.

Ważne jest być prawym i odpowiedzialnym za swoją pracę i rodzinę, ale zawsze pamiętaj, że te rzeczy nigdy nie przyniosą ci trwałego spełnienia. Społeczeństwo naciska młodych ludzi, aby pobierali się i mieli dzieci, wmawiając im, że ich życie stanie się wtedy doskonałe. Ale gdy parom brak dojrzałości i cierpliwości, kłócą się i rozstają, rozbijając rodzinę.

Wtedy dzieci dorastają, powtarzając te same patologiczne zachowania, których nauczyły się od rodziców. Cykl się nie kończy. Doskonały sen, którego szukamy, nie istnieje w świecie.

Nie ma znaczenia, czy wybierzemy życie w aszramie, czy w rodzinie, ponieważ oba są w rzeczywistości takie same: tylko życie zakorzenione we właściwym systemie wartości przyniesie nam zadowolenie, jakiego pragniemy. Jedynie wówczas gdy nauczymy się przestrzegać wyższych zasad, osiągniemy prawdziwe spełnienie.

16. Prawdziwa joga

Rana jest miejscem, przez które wchodzi światło.

- Rumi

Stałam na swoim balkonie, paląc papierosa, gdy nagle balkon zawalił się pode mną. W jednej chwili moje życie dosłownie się spode mnie wymknęło.

Byłam kobietą sukcesu - samotną matką zarabiającą wystarczająco, aby zapewnić sobie i dziecku satysfakcjonujący poziom bezpieczeństwa finansowego. Moje życie wydawało się pełne sensu i łaski, choć miałam awersję do duchowych praktyk i nauk.

Wtedy, w jednej chwili, znalazłam się na oddziale ortopedycznym szpitala, ze stojącym przy moim łóżku lekarzem, pokazującym mi całą gamę zdjęć rentgenowskich: miednica złamana w wielu miejscach, złamana kość ogonowa, wiele urazów kręgosłupa. Moje ręce były połamane. Moje stopy były połamane. Moje doskonałe życie było połamane.

Złamany kręgosłup to złamany kręgosłup – nieważne jak wiele opinii medycznych uzyskasz. Miałam rzadki, bardzo bolesny uraz dolnego odcinka kręgosłupa. Było to tak dotkliwe, że gdy ktoś nawet lekko dotknął krawędzi mojego łóżka, całe moje ciało wiło się w spazmach.

Przed wypadkiem byłam chłodna, zdystansowana do ludzi. Byłam w końcu doradcą strategicznym dla dużej, ważnej firmy, ale w jednej chwili mój szybowiec rozbił się o rzeczywistość. Żeby przetrwać, musiałam otworzyć swe serce przed wszystkimi pielęgniarkami i personelem szpitala. Żadne pieniądze nie były w stanie sprawić, żeby nie zadawali mi bólu. Żadna strategia nie mogła zapewnić mi lepszej opiekunki.

Moja rekonwalescencja wydawała się pozbawiona nadziei. Nic, co lekarze robili, nie uśmierzało bólu i nie pomagało odzyskać sprawności ruchowej.

W końcu zrozumiałam, że mogę się nieznacznie poruszać, jeśli jestem bardzo zrelaksowana, spokojna i zdystansowana. Było to możliwe jedynie poprzez zmianę rytmu oddechu. Gdy spowolniłam swój oddech, mogłam spowolnić swoje ciało i zmniejszyć ból.

Kiedy świadomie kontrolowałam swój oddech, moje ciało dostosowywało się. Wymyśliłam kilka drobnych ćwiczeń oddechowych. Wykonując je, czułam swoje palce u nóg. Gdy tylko na moment traciłam absolutną koncentrację, ból natychmiast powracał.

Nie zamierzając żyć w szpitalnym łóżku ani być przykutą do wózka przez resztę życia, zaczęłam wykonywać wymyślone przez siebie ćwiczenia kilkanaście razy dziennie. Efekty były niezwykłe. Wracałam do zdrowia niewiarygodnie szybko.

Im bardziej personel szpitala przyglądał się mojemu zaangażowaniu, tym bardziej próbował mi pomóc. Gdy pacjenci z oddziału zobaczyli, że moje ćwiczenia działają, zapytali: „Hej, co robisz? Czy możemy się do ciebie przyłączyć?". Wkrótce cały oddział zajęty był oddychaniem i poruszaniem ciał. Uczyliśmy się samouzdrawiania.

Na oddziale leżała piękna ciemnoskóra kobieta z niższej klasy średniej. Miała szynę w plecach. Rodzina, łącznie z jej małymi dziećmi, odwiedzała ją codziennie. Była z Południowej Afryki. Znając historię oraz polityczne tło tego kraju, zwróciłam szczególną uwagę na jej cierpienie. Potrąciła ją w pracy ciężarówka i przeszła właśnie czwartą operację, żeby naprawić uraz. Rodzina popadła w długi.

Pielęgniarki wydawały się traktować ją z obojętnością, ale nie wiedziałam dlaczego. Gdy zapytałam, powiedziały, że usłyszały, jak jej rodzina uznała, że lepiej dla niej byłoby ignorować zalecenia lekarza i celowo dać się sparaliżować, ponieważ tylko wtedy otrzymają stanowe ubezpieczenie.

Byłam przerażona tym, że w rozwiniętym kraju, w najnowocześniejszym szpitalu kobieta świadomie wybierała paraliż, aby uniknąć bankructwa z powodu rachunków medycznych.

W tamtym momencie postanowiłam pomagać ludziom, którzy znaleźli się w podobnej sytuacji. Nie mogłam pomóc natychmiast, ponieważ obie moje ręce były wciąż złamane, ale byłam zdeterminowana, żeby coś zrobić. Miesiąc później wyszłam ze szpitala. Wciąż nie mogłam normalnie chodzić i musiałam dużo odpoczywać, ale udało mi się przenieść z wózka na kule. Kontynuowałam również ćwiczenia, które wykonywałam w szpitalnym łóżku.

Podczas tych praktyk po cichu słuchałam swojego ciała i wykonywałam (o czym dowiedziałam się później) pozycje jogi. Zsuwałam się nawet na krawędź łóżka, żeby stanąć na barkach. Nie miałam pojęcia, że to była joga, wiedziałam jedynie, że te ćwiczenia pomagały.

Obdzwoniłam wszystkich masażystów, wszystkich tak zwanych uzdrowicieli, o których słyszałam, ale w momencie gdy zaczynałam litanię swoich kontuzji: „Moja miednica jest złamana w pięciu miejscach, moja kość ogonowa jest złamana, mój łokieć jest…" – mówili: „Proszę zadzwonić do nas za rok".

Dopiero wtedy zrozumiałam, jak niezwykle trudno jest znaleźć kogoś, kto chciałby pomóc osobom w największej potrzebie. Masować kogoś niepełnosprawnego lub przechodzącego chemioterapię zamiast gospodyni domowej, która skarży się na drobny skurcz szyi, wymaga nie lada odwagi.

Po obdzwonieniu sześćdziesięciu czterech uzdrowicieli w końcu znalazłam sanitariusza, który zgodził się przychodzić i robić mi masaż co trzeci dzień. Pożyczył mi nawet stół inwersyjny.

Narzuciłam sobie cały reżim ćwiczeń inwersyjnych, synchronizując je z oddychaniem oraz ruchami, które wykonywałam już wcześniej. Po sześciu miesiącach zaczęłam chodzić i prowadzić samochód, a także byłam znowu w stanie lecieć samolotem. Mimo to, gdy choć na krótki czas traciłam czujność, ból wracał.

Kiedy w końcu poczułam się wystarczająco dobrze, wybrałam się do fryzjera (odkładałam to, ponieważ długie siedzenie było zbyt bolesne). Fryzjer dał mi wizytówkę z napisem „JOGA". Pomyślałam: „Nie może to być aż tak trudne". Uśmiechnęłam się szeroko, wyobrażając sobie grupę hipisów tańczących w kółku. Doszłam do wniosku, że nie zaszkodzi spróbować.

Nauczyciel roześmiał się do słuchawki, gdy opowiedziałam mu o swoich wszystkich kontuzjach. „Nie, nie możesz przyjść na moją lekcję, ale w pobliskim aszramie jest nauczyciel jogi leczniczej".

Zajęcia jogi leczniczej stały się moim nowym domem. Gdy opisałam swoją praktykę świadomości ciała oraz ćwiczenia oddechowe, nauczyciel odparł z ekscytacją: „O, to JEST joga! Ćwiczyłaś jogę przez cały ten czas!". Chodziłam na zajęcia trzy razy w tygodniu przez dwa lata i dało mi to siłę, żeby zaakceptować swoją transformację.

Gdy zostałam uzdrowiona, postanowiłam sprzedać wszystko, co posiadałam, i przeznaczyć pieniądze na założenie organizacji charytatywnej. Byłby to program ajurwedy i jogi dla ludzi z dużą niepełnosprawnością i kontuzjami. Nazwałam go „Odważny".

Chciałam, żeby Odważny był miejscem dostępnym dla każdego – gdzie ludzie mogli zostawić niewielki datek albo nawet nic i nie miałoby to znaczenia. W Odważnym brak środków finansowych nie stanowiłby przeszkody na drodze do uzdrowienia.

Wtedy jeden z wiernych Ammy przyjechał do Południowej Afryki i wygłosił satsang (duchowy wykład) dla mojego stowarzyszenia. Obejrzeliśmy film „Obejmując świat". Mówiąc szczerze, nie pamiętam nawet części, w której pokazywano darszan. Byłam całkowicie oczarowana liczbą organizacji charytatywnych założonych przez Ammę. Po obejrzeniu filmu pomyślałam: „Okej, to jest to! Jeśli Amma prowadzi tyle organizacji charytatywnych, to ja też mogę poprowadzić jedną malutką!". Byłam bardzo zainspirowana.

W czasie gdy tworzyłam Odważnego, mój syn kończył szkołę średnią. Powiedziałam mu, że w ramach prezentu za ukończenie szkoły chciałabym go zabrać do Indii. Chciałam poznać Ammę i dowiedzieć się czegoś na temat prowadzenia organizacji.

Przybyliśmy do Amritapuri... i zobaczyłam Ammę. Zupełnie nie wiedziałam, jak do tego podejść.

Nie miałam wówczas żadnych oczekiwań co do darszanu. Byłam tam tylko po to, żeby nauczyć się pomagać ludziom. Lecz gdy podniosłam wzrok i ujrzałam Ammę dającą darszan, zalała mnie ogromna fala smutku i bólu – czułam ból każdego z tych tysięcy ludzi. Łzy zaczęły nieprzerwanie płynąć z moich oczu.

Kupiliśmy girlandy i dołączyliśmy do kolejki po darszan. Gdy kolejka posuwała się coraz bliżej Ammy, ból, który odczuwałam, zaczął się zmieniać w światło oraz błogość. To było niebiańskie uczucie.

Kiedy w końcu znalazłam się naprzeciwko Ammy, nie byłam w stanie nic powiedzieć. Poprosiłam ją zamiast tego mentalnie: „Pomóż mi pomagać tym, którzy cierpią". Gdy mój syn i ja schodziliśmy ze sceny, brahmaczari[3], który stał obok, zapytał mnie: „Czy to ty jesteś nauczycielką jogi leczniczej?". Nikomu nie powiedziałam ani słowa na temat swojej pracy. „Proszę, chodź ze mną, jest tu ktoś z Parkinsonem, kto cię potrzebuje".

Kilka dni później poczułam, że powinnam udać się na pielgrzymkę do głównej siedziby mojego Centrum Jogi, zatem wyruszyliśmy. Dotarliśmy na miejsce i rozgościliśmy się. Tamtej nocy miałam wymowny sen. Słyszałam gromki śmiech Swamiego, który założył moją Szkołę Jogi (odszedł wiele lat temu). Potem usłyszałam też śmiech Ammy. Zobaczyłam twarze ich obojga spoglądające na mnie razem, jedna obok drugiej. Swami powiedział:

---

[3] Brahmaczari – osoba zakonna, mnich.

„Spójrz na siebie! Co robisz tutaj, szukając mnie w posągu, kiedy jestem żywy w Ammie?".

Nie czekałam nawet, aż wejdzie słońce. Zabrałam swojego syna i pospieszyliśmy z powrotem do Amritapuri. Zrozumiałam, że Boskie Światło nie ogranicza się do jednej postaci czy sytuacji. Boskość jest we wszystkim.

Do mojego ośrodka przyjeżdżają ludzie różnej religii, rasy oraz sytuacji finansowej. Nasi pacjenci zgłaszają się do nas z rozmaitymi kontuzjami oraz chorobami i pomagamy sobie nawzajem w uzdrowieniu. Pomimo wszelkich różnic jesteśmy jedną rodziną. Jest to tygiel kulturowy – tak jak aszram Ammy. Na ścianach wiszą piękne zdjęcia Ammy, a rodziny z każdego wyznania pozwalają swoim dzieciom razem siedzieć i śpiewać OM.

Podczas swojej ostatniej wizyty w Amritapuri podarowałam Ammie wielkie oprawione zdjęcie. Na tym zdjęciu moi pacjenci trzymają zdjęcie Ammy obok zdjęcia Nelsona Mandeli. Amma była zachwycona. Czuję, że to zdjęcie bardzo trafnie odzwierciedla czasy, w których żyjemy. Jest tu wiele bólu, lecz jednocześnie spływa na nas ogromna łaska.

Służenie z miłością jest najwyższą formą praktyki duchowej. To najwspanialsze działanie, jakie możemy podjąć. Amma uśmierza ból świata każdego dnia. Inspiruje nas, abyśmy wykorzystywali nasze talenty w służbie, zamiast pogrążać się we własnym bólu i cierpieniu. Pomaganie drugiemu człowiekowi jest najlepszym sposobem, żeby pomóc sobie. Amma próbuje nas zmotywować, abyśmy dali z siebie tyle, ile możemy, nawet jeśli jest to niewiele.

17. Pudełko z negatywnymi tendencjami

Wszystko, czym jestem lub chciałbym być, zawdzięczam mojej anielskiej matce.

- Abraham Lincoln

Pewnego lata czułem się bardzo źle. Moje negatywne tendencje całkowicie mnie przytłaczały. Zazwyczaj gdy jestem w ponurym nastroju, odsuwam się od Ammy. Im bardziej ponury jest mój nastrój, tym bardziej się odsuwam. Wiem, że negatywność jest jedynie oddaleniem się od Boga, lecz kiedy jestem w tym odległym miejscu, czuję się odstręczający i obrzydliwy. Myślę wtedy: „Jak mogę zbliżyć się do czegoś tak promiennego i pięknego?". Nie, że mógłbym to splamić, ale jest to po prostu zbyt zawstydzające.

Po długiej wewnętrznej walce postanowiłem w końcu zadać Ammie pytanie, mając nadzieję, że mnie odmieni. Zapisałem swoje pytanie na kwadratowej karteczce: „Czy kiedy czuję się przytłoczony negatywnymi emocjami, powinienem znaleźć kogoś, komu mógłbym się zwierzyć? Wstydzę się podejść z tym do Ammy, ponieważ wszyscy usłyszą".

Amma pociągnęła mnie za ucho i uśmiechnęła się uroczo. „Każdy ma ten problem. Nie martw się. Zwierz się Ammie". Zacytowała bhadżan, który mówi, że musimy się wszyscy obnażyć przed Guru, tak jak obieramy warstwa po warstwie cebulę. „Chcę ci oddać swój wstyd, swoją zazdrość…".

Zainspirowany słowami Ammy chciałem Jej ofiarować całego siebie: wszystko, co dobre i złe. Wiedziałem, że muszę przyznać się do bezradności i poczucia niemocy. Chciałem Jej powiedzieć: „Nie mogę tego zrobić sam. Potrzebuję twojej łaski".

Znalazłem piękne pudełko…

Postanowiłem do niego włożyć wszystkie swoje wasany (negatywne tendencje). Zebrałem kolorowe skrawki papieru i wypisałem na nich wszystkie swoje rozmaite tendencje: strach, lenistwo, złość, depresja i chciwość. Mogłem kontynuować, ale pomyślałem, że najlepiej będzie to uprościć. Nie chciałem być zbyt drobiazgowy.

Znalazłem przezroczysty plastikowy woreczek, włożyłem do niego wady i napisałem po zewnętrznej stronie „śmieci". Włożyłem do pudełka również malutkie etui na biżuterię. Na jego wieczku

Pudełko z negatywnymi tendencjami

napisałem „bogactwo", aby oznaczyć swoje szlachetne cechy. Nie przychodziło mi jednak do głowy nic, co mógłbym tam włożyć, więc zostawiłem je puste.

Napisałem wszystko w malajalam, żeby Amma mogła sama przeczytać. W ten sposób mogłem zapewnić sobie prywatność, jakiej pragnąłem. Nie potrzebowałem tłumacza, więc nikt poza Ammą by tego nie zobaczył.

Moja modlitwa była prosta i powtarzałem ją w kółko, kiedy przygotowywałem się na darszan: „Proszę, Amma, zabierz śmieci!".

Pokazałem pudełko Ammie i powiedziałem w malajalam (najlepiej jak potrafiłem): „Amma, to jest pudełko z negatywnymi tendencjami!". Amma przeczytała każdą wadę na głos, jedna po drugiej, po czym starannie włożyła każdy kawałek papieru z powrotem do pudełka. Potem znów je wszystkie wyjęła i ponownie przeczytała (głośno). „Zapomniałeś kilku" – zadumała się. – „Zazdrość, rywalizacja i pożądanie!".

Gdy dotarła do pudełka z bogactwem, otworzyła je i powiedziała: „Biedactwo!" – po czym się roześmiała. Oddała mi pudełko. „Przynajmniej są pobłogosławione" – westchnąłem w duchu. Miałem nadzieję, że Amma je zatrzyma.

Tamtej nocy lecieliśmy z powrotem do Indii. Razem z Ammą czekaliśmy na terminalu lotniska. Ja siedziałem trochę z tyłu. Nagle Amma odwróciła się i spojrzała prosto na mnie. Obdarzyła mnie najpiękniejszym uśmiechem, jaki kiedykolwiek widziałem. Wydawała się szczęśliwa oraz bardzo zadowolona ze mnie i zaczęła mówić o pudełku z tendencjami.

„Ten chłopiec dał mi pudełko z tendencjami!" – oznajmiła głośno. Wymieniła każdą wadę, jaką dla Niej wypisałem. Śmiała się: „Było też pudełko z bogactwem, ale puste".

Zaskoczyła mnie. Jak w transie, wstałem, stąpając ponad sześcioma czy siedmioma osobami (lub może po nich), żeby przedostać się do Ammy. Usadowiłem się u Jej stóp (połowicznie przysiadając na kolanach współpasażera). „Masz pudełko?" – zapytała Amma. – „Chcę je zobaczyć!".

Powiedziałem, że umieściłem pudełko w nadanym bagażu, ale że dam je Jej, jak tylko dotrzemy do Amritapuri.

Dodałem tendencje, które Amma wymieniła, i zaniosłem pudełko do Jej pokoju. Gdy wręczałem je asystentce Ammy, nie spodziewałem się, że Amma jeszcze na nie spojrzy (ponieważ ludzie codziennie ofiarowują Jej wiele rzeczy), ale odczułem ogromną

Pudełko z negatywnymi tendencjami

ulgę – jak gdybym oddał swoje negatywne tendencje Bogu. „Okej, już po wszystkim!" – mówiłem sobie.

Ale to jeszcze nie był koniec. Tamtej nocy, kiedy Amma przyszła na bhadżany, zobaczyłem, że w rękach trzyma coś dziwnego, lecz jeszcze nie widziałem, co to jest. Wytężyłem wzrok. „Nie, to niemożliwe" – pomyślałem. – „To nie może być…". Ale właśnie tak – Amma trzymała moje pudełko z tendencjami przed całym aszramem – tysiącami ludzi!

Amma zawołała do mikrofonu: „Czyje to pudełko?". Chciałem się schować pod stołem, ale nieśmiało podniosłem rękę.

Powiedziała całemu aszramowi: „To jest pudełko z negatywnymi tendencjami. Ten chłopiec dał mi pudełko z negatywnymi tendencjami!". Wszystkie oczy zwróciły się na mnie, podczas gdy Amma odczytywała każdą tendencję przez mikrofon.

Po bhadżanach pobiegłem czekać na Ammę przed Jej pokojem, w razie gdyby chciała ze mną rozmawiać. Przystanęła i spojrzała na mnie. Następnie powiedziała wszystkim dookoła z ekscytacją: „To jest ten chłopiec, który dał mi pudełko z tendencjami! Dał mi pudełko pełne negatywnych tendencji!".

Światło w ciemności

Następnego dnia podczas darszanu musiałem wejść na scenę, żeby zadać komuś pytanie na temat swojej sewy. Amma przyuważyła mnie i zawołała do siebie. Była równie podekscytowana jak poprzedniego dnia: „O ! To jest ten chłopiec, który dał mi pudełko z tendencjami!". Powiedziała wszystkim obecnym o moim pudełku i szczegółowo wymieniła znajdujące się w nim tendencje.

Odbyłem co najmniej sześć rozmów z Ammą na temat tego pudełka i każda z nich coraz bardziej zbliżała mnie do Niej.

Ale na tym się nie skończyło. Pudełko z tendencjami stało się sławne. Było pokazywane na aszramowych zajęciach z pism wedanty, w artykule i na zdjęciu na stronie internetowej Ammy, na Facebooku oraz w magazynie Matruvani. Ironia oczywiście polega na tym, że wszystko zaczęło się od tego, że byłem zbyt nieśmiały, żeby się zwrócić do Ammy – nie chciałem, żeby ktokolwiek dowiedział się o moich problemach!

Nie potrafię dokładnie opisać uczucia, jakie towarzyszyło mi, kiedy widziałem Ammę trzymającą to pudełko... Było to ekscytujące, bardzo osobiste. Czułem, że jestem Ammy prezentacją na ten dzień:

jak gdyby zabrała mnie ze sobą do szkoły i przedstawiła wszystkim dzieciom w klasie.

Najlepsze było to, że Amma sprawiła, że cała ta sytuacja wydawała się niezwykle śmieszna. Zbyt często czuję się jak monstrualna katastrofa: ogromna, koszmarna tragedia. Ale Amma, w zgrabny i przyziemny sposób, usunęła wszystkie moje lęki oraz wady i obróciła je w jeden wielki żart. Z ciepłym humorem pozbawiła mnie wstydu.

Uporanie się z naszymi tendencjami może być niezwykle trudne. Czasem, niezależnie od tego, jak mocno się staramy, nie zachodzi w nas żadna przemiana. Lecz kiedy uda nam się pokonać wstyd i złożyć swoje wady u stóp Guru, nasze subtelne tendencje zaczną zanikać. Wymaga to jednak ogromnego wysiłku oraz wytrwałości.

Wszyscy mamy wady i złe nawyki, lecz ten fakt nie powinien nas zniechęcać. Amma mówi: „Nigdy nie uda ci się zaprzyjaźnić z umysłem. Będzie on zawsze twoim wrogiem. Zawsze będzie cię przytłaczał. Spróbuj przejąć kontrolę nad swoimi myślami, nawet jeśli musisz udawać".

Tracimy tak dużo czasu, wyobrażając sobie negatywne rzeczy. Zamiast tego powinniśmy użyć swojej wyobraźni w pozytywny sposób, udając, że ma się wydarzyć coś dobrego (tylko bądźmy ostrożni ze swoimi oczekiwaniami!). Jedna pozytywna myśl może pomóc nam wydostać się z negatywnych sfer, do których dajemy się wciągnąć.

Kiedy kilka lat temu podróżowaliśmy po Indiach, dołączył do nas młody mężczyzna, który dopiero co poznał Ammę. Jedną z atrakcji na trasie indyjskiej jest błogosławiony obiad (prasad) serwowany przez Ammę. Tym, którzy wciąż są głodni, rozdawane są dokładki. Poprawnym zachowaniem jest wziąć jeden lub dwa czapati[4] (lub inny serwowany rodzaj chleba) i podać resztę dalej.

Lecz gdy talerz z ogromną górą dodatkowych czapati dotarł do tego młodego mężczyzny, pomyślał, że to wszystko dla niego! Zjadł więc tamtej nocy około czterdziestu czapati! Jadł i jadł, dopóki nie najadł się tak, że nie mógł się ruszyć.

Amma uważnie obserwowała, jak je, a gdy skończył, zawołała go do siebie. Powiedziała mu, że w Wedach występuje demon o imieniu „Bagan". Ten demon był tak żarłoczny, że pożerał całe miasteczka: krowy, psy, a nawet ludzi. Amma powiedziała, że

---

[4] Czapati - cienkie placki z mąki, przeważnie pszennej.

Pudełko z negatywnymi tendencjami

nigdy nie wierzyła w prawdziwość tych historii – dopóki nie poznała tego mężczyzny. Teraz już wie, że jest to możliwe! Wszyscy się śmiali, szczególnie on.

Potem powiedział mi, że był kompletnie rozbrojony tym doświadczeniem. Czuł się jak szczeniak, całkowicie wniebowzięty łagodnym droczeniem się z Ammą. W tamtym momencie poczuł się w pełni kochany, dostrzeżony i zaakceptowany przez Nią oraz przez Jej wspólnotę.

Każdy ma pragnienia. Nie powinniśmy się tego wstydzić. Lecz gdy uznamy, że przyszedł czas, aby podążyć za wyższym celem, wówczas nasze nieustające pragnienia zaczną tracić swe panowanie nad nami. Kiedy decydujemy się podjąć wysiłek, aby zmierzać we właściwym kierunku, strumień łaski zostaje uwolniony.

Gdy podejmiemy choćby najmniejszy wysiłek, aby zapanować nad negatywnymi tendencjami, które nas więżą, i spróbujemy postępować właściwie, łaska Ammy z pewnością nas dosięgnie oraz przeniesie przez resztę drogi.

18. Odnajdując spokój

Tańcz z otwartą raną. Tańcz, kiedy już pozrywałeś bandaże. Tańcz pośrodku walki. Tańcz w swojej krwi. Tańcz, kiedy jesteś całkowicie wolny.

- Rumi

Zanim poznałem Ammę, żyłem dla ekscytacji. Zawsze uganiałem się za silnymi emocjami... Gdy czujesz się bardziej żywy niż kiedykolwiek, gdy twoje serce bije tak mocno, jak to tylko możliwe... gdy twoja krew pulsuje najszybciej, jak może pulsować – to jest uczucie *życia pełną piersią*.

Nie dbałem o nikogo ani o nic. Moje życie skupiało się całkowicie wokół ekscytacji i mocnych wrażeń: życie na ekstremalnej krawędzi. Po locie szybowcem byłem tak pobudzony, że przez trzy dni nie mogłem spać. Gdy surfowałem po pięciometrowych falach, czułem się jak Bóg chodzący po wodzie. Gdy wspinałem się po skałach, podniecała mnie wysokość, na której się znajdowałem.

Surfowałem, szybowałem i wspinałem się po skałach na narkotykach. Nie żartuję. W niektóre dni, kiedy uprawiałem sporty ekstremalne, nie wiedziałem nawet, czy jestem trzeźwy.

Pracowałem dwie noce w tygodniu, w piątek i w sobotę, w miejscowym klubie. Byłem profesjonalnym barmanem i zarabiałem mnóstwo pieniędzy. Wykonywałem sztuczki, bawiłem się ogniem. Wylewałem alkohol na ladę i dosłownie podpalałem bar. To było moje „zatrudnienie". Resztę czasu spędzałem, szukając mocnych wrażeń.

Budziłem się w południe, piłem kawę, paliłem dżointa, sięgałem po telefon i dzwoniłem do najlepszego przyjaciela. „Hej Brachu, co dzisiaj robimy?".

Nie byłem dobrym człowiekiem, a duchowość była najbardziej obcą mojemu umysłowi rzeczą. Żyłem po ciemnej stronie życia, bez zamiaru dorośnięcia.

Wtedy poznałem swoją żonę.

Gdy zaczęliśmy się spotykać, odwiedziłem dom jej rodziców. Pierwszą rzeczą, którą zauważyłem, było zdjęcie wiszące na ścianie – zdjęcie bosych stóp – stóp Hinduski.

Jej rodzina nie miała mebli w dużym pokoju. Zamiast tego na podłodze leżały poduszki. Pomyślałem: „O nie, w co ja się wpakowałem z tą dziewczyną?". Ale byłem jednocześnie zafascynowany tymi stopami. Zapytałem swojej dziewczyny, czyje to są stopy, co to za kobieta i (przede wszystkim) dlaczego nie mieli mebli!

Początkowo nie chciała mi powiedzieć o Ammie, ale w końcu dała za wygraną. Zaprosiła mnie na satsang w swoim domu i tamtego weekendu pojechałem. Gdy przybyłem na miejsce, pokój był pełny. Wszyscy siedzieli stłoczeni na porozkładanych po całej podłodze poduszkach.

Jej ojczym grał na bębnach (a dokładniej na tabli), a mama na jakimś klawiszowym instrumencie (to było harmonium, lecz wtedy jeszcze tego nie wiedziałem). Śpiewali indyjskie piosenki, ale ja nie mogłem dołączyć, ponieważ nie potrafiłem wymawiać słów. Gdy wspominam te czasy, uświadamiam sobie, jak dawno to było i jak dużo się od tamtej pory zmieniło.

Tamtego wieczoru odprawili arati[5], wymachując płonącą kamforą wokół zdjęcia Ammy. Chciało mi się śmiać, kiedy włączył się alarm przeciwpożarowy.

Jeszcze w tym samym tygodniu zapytałem swojej dziewczyny, czy mógłbym poznać Ammę.

Znaleźliśmy tanie bilety lotnicze i kilka tygodni później przybyliśmy na program Ammy w Toronto.

---

[5] Arati – ceremonia oddawania czci postaci Boga lub Guru.

Było tam tak wiele ludzi – wszędzie ludzie. Wszyscy czekali, aż Amma ich przytuli. Myślałem: „Ta kobieta na pewno nie zdoła dziś wszystkich przytulić". To była noc Devi Bhava[6] i oczywiście Amma podołała zadaniu. Ktoś zapytał, czy chciałbym robić sewę. Nie wiedziałem nawet, co to słowo znaczy, ale pomyślałem: „Okej, pomogę. Czemu nie?". Poprosił mnie, żebym rozdał świętą wodę, którą Amma pobłogosławiła. Będąc barmanem, pomyślałem: „Nie ma problemu. Mogę ponieść tacę z wodą". Nie wiedziałem, że ta taca była pełna dziesiątek malutkich kubeczków bez pokrywek, każdy wypełniony po brzegi świętą wodą.

Mężczyzna odpowiedzialny za to zadanie poprosił mnie o wyniesienie tacy do ludzi stojących na zewnątrz. Wyszedłem na zewnątrz i szczęka mi opadła. Na parkingu stało wiele tysięcy ludzi. Wszyscy oglądali Ammę na naprawdę dużych ekranach.

Tłum zaczął na mnie napierać. Gdy tylko zrozumiano, że trzymam tacę ze świętą wodą, setki ludzi rzuciły się w moim kierunku. Chodziłem w tę

---

[6] Devi Bhava – specjalny program, w którym Amma „wciela się w rolę" Devi (Bogini).

i z powrotem przez mniej więcej godzinę, podając wodę każdej osobie bez wyjątku.

Czekając na darszan Ammy, rozglądałem się dookoła. W końcu (po prawie dziewięciu godzinach!) numer mojego żetonu został wywołany. Wszedłem na scenę i uklęknąłem przed Ammą. Ona uśmiechnęła się i przyciągnęła mnie do siebie. Nie rozumiałem, co mówiła, ale powiedziała mi coś do ucha, po czym wręczyła mi dwie czekoladki „całuski" oraz płatek róży. Kiedy wstałem, zapytałem tłumacza, co Amma mówiła. Odparł: „Amma mówi, że potrzebujesz mantry".

Nie wiedziałem, czym była mantra, ale od razu Jej zaufałem. Powiedziała, żebym usiadł koło Niej. Siedziałem tam przez dwie godziny.

Od momentu gdy wyszeptała mi do ucha mantrę, moja dusza zaczęła ulegać transformacji.

Jest to powolny proces, który trwa już całe lata, lecz za każdym razem, gdy widzę Ammę, coś się zmienia: moja moralność, moje wartości – wszystko uległo przemianie. Stałem się osobą z celem, osobą, która chce dla czegoś żyć, pomagać innym i zmieniać świat. (Czasem nawet zmywam naczynia.)

Zanim poznałem Ammę, budziłem się rano i moją pierwszą myślą było: „Muszę polatać na

szybowcu". Nie byłem za nic odpowiedzialny i nikim się nie przejmowałem.

Dziś, gdy budzę się, moją pierwszą myślą jest: „Amma…". Wciąż szukam emocji i wrażeń, ale teraz dostaję je od Niej. Moja ekscytacja bierze się z obserwacji Ammy dającej darszan, medytacji oraz sewy. Nie potrzebuję żadnych innych uniesień. Moje życie jest wreszcie pełne. Dziś czuję się bardziej żywy niż kiedykolwiek wcześniej.

Przenieśmy się o dziesięć lat do przodu: jestem żonaty, mamy syna i prowadzę własną firmę. Nigdy nie wyobrażałem sobie, że tak będzie wyglądać moje życie. Żadna z tych rzeczy nie byłaby możliwa bez Niej.

Amma mnie całkowicie zmieniła.

Każdej niedzieli od tamtego pierwszego darszanu pomagam w przytułku dla bezdomnych. Jest to moja wersja chodzenia do kościoła, mój sposób na wyrażenie wdzięczności wobec Ammy oraz ofiarowanie czegoś w zamian. Przygotowujemy kanapki, zupy oraz desery. Zawsze zabieram ze sobą syna – robi sewę od dziecka. Uczę go dobrych wartości - miłości i szacunku do innych oraz bezinteresownej pomocy.

Czasem przychodzi też mój przyjaciel… Ten, do którego dzwoniłem co rano przez dwadzieścia lat.

Ustawia się w kolejce razem z pozostałymi bezdomnymi, trzęsąc się z zimna i czekając na swój jedyny ciepły posiłek dnia. Zawsze uśmiecham się smutno, gdy go widzę. „Witaj Bracie…" – mówię – „Oto twoja kanapka". Tylko tak mogę mu pomóc. Stracił wszystko, szukając wrażeń: żonę, rodzinę, dom.

A ja? Znalazłem to „najmocniejsze wrażenie" i Ono mnie ocaliło.

⚜ ⚜ ⚜

Sam dotyk Ammy zawiera w sobie wystarczającą siłę, aby wyprawić nas w głęboką, uzdrawiającą podróż. Dzięki swej cnocie współczucia oraz szczerej wierze ludzi Amma jest w stanie działać jak katalizator, pozwalając rozkwitnąć wokół Niej wyjątkowym historiom transformacji.

Amma przyciąga nas do siebie na rozmaite sposoby. Otwiera nasze serca i przypomina nam, jak być prawdziwie ludzkim. Za pomocą swej łaski, mądrości oraz nieskończonej cierpliwości pomaga nam stopniowo zgłębiać swoje przesłanie: że wszyscy jesteśmy ucieleśnieniem czystej miłości i Najwyższej Świadomości.

Amma często opowiada nam historię o dwóch uczniach: Dwaj mężczyźni wybierają się do miasteczka, aby kupić owoce i warzywa dla swojego Guru. Gdy wracają, obaj są posiniaczeni. Zaniepokojony Guru pyta: „Co się stało?".

Jeden z mężczyzn wskazuje na drugiego i mówi: „On nazwał mnie małpą!".

Guru wzdycha: „Przez ponad dwadzieścia lat mówiłem wam, że jesteście ucieleśnieniem Najwyższej Świadomości, ale pomimo moich wysiłków nigdy mi nie wierzyliście. A teraz, zaledwie raz, on nazwał cię małpą – i zobacz, jaki jest efekt!".

Bardzo często zachowujemy się jak mężczyźni z tej opowieści. Nosimy w sobie cały wszechświat, lecz zamiast emanować Boskim Światłem, ukrywamy się we własnym cieniu.

Amma wyciąga nas z cienia, prowadząc nas z ciemności do światła. Rozpala iskrę miłości w naszych sercach. Ofiarowuje nadzieję, gdy tkwimy pogrążeni w rozpaczy, oraz zapewnia światło, gdy ogarnie nas ciemność. Leczy to, co nieuleczalne, oraz naprawia to, co zepsute. Dzięki łasce Ammy niemożliwe staje się możliwym, a zwyczajne życie przemienia się w miłość.

Zbyt często szukamy szczęścia na zewnątrz, zapominając, że prawdziwe źródło spełnienia tkwi wewnątrz. Boską świetlistość możemy znaleźć jedynie w sobie, nie w jaskrawych, błyszczących światłach świata. Gdy wewnątrz płynie pozytywna energia, znajdujemy w sobie siłę, żeby zmierzyć się ze wszystkim.

Kilka lat temu ktoś opowiedział mi historię o Riszim, szczeniaczku Ammy. Pewnego dnia Riszi poszedł do obory, szukając towarzystwa. Krowy, no cóż… nie były w nastroju do zabawy. To przydarzało się Risziemu często. Nikt nie chciał się z nim bawić.

Riszi skakał figlarnie dookoła obory, wyraźnie denerwując wszystkie krowy – niektóre z nich jedynie posłały mu ostrzegawcze spojrzenie, lecz jedna czy dwie wyglądały, jak gdyby zamierzały go zaatakować. Riszi w swojej radosnej niewinności myślał, że to jakaś gra! Gdyby umiał mówić, jego reakcja brzmiałaby: „Mój Boże! Jak fajnie! Moje ciocie i siostry wszystkie chcą się ze mną bawić!".

Podbiegł do nich, szczekając, i próbował zbliżyć się na tyle, żeby móc podszczypywać ich nogi. Krowy miały dosyć. Ruszyły na niego. Riszi był nieświadomy ich nastroju. Przeżywał ekstazę, ponieważ odkrył najfajniejszą zabawę, jaką mógł sobie wymarzyć.

Powinniśmy wszyscy stać się jak Riszi – iść przez życie z tego rodzaju niewinnością. Mamy wybór: możemy być jak Riszi albo jak zrzędliwe krowy. Nie przejmuj się tym, co myślą inni: rób to, co uważasz za słuszne. Niezależnie od zewnętrznych okoliczności postrzegaj świat jako wspaniałą zabawę.

Nawet jeśli ludzie wokół ciebie nie widzą świata jako niezwykłej Boskiej zabawy, nic nie szkodzi. Jeśli wytrwasz w postawie podziwu i szacunku, nauczysz się być w pełni radosnym w każdej chwili. To wszystko, co musimy zrobić: roztaczać wokół siebie światło, gdziekolwiek pójdziemy. Świeć i bądź szczęśliwy.

www.ingramcontent.com/pod-product-compliance
Lightning Source LLC
Chambersburg PA
CBHW060155050426
42446CB00013B/2841